생각하는 대로 해내는
시간 연금술사

생각하는 대로 해내는

시간 연금술사
the Time Atchemist

미야자키 신지 지음 | 박수현 옮김

밀리언서재
Million Publisher

'시간이 없어서 못 한다'는 거짓말

"당신은 지금 '정말 하고 싶은 일'을 하며 살고 있나요?"

이 질문에 '정말 하고 싶은 일이 무엇인지 모르겠다'고 대답하는 사람도 있고, '정말 하고 싶은 일이 없다'고 하는 사람도 있을 것입니다. 당신은 어떤가요? 가장 설레는, "시간 가는 줄도 모르고 열중할 수 있는 일"이 있나요?

'정말 하고 싶은 일'이 무엇인지 모르겠다(또는 없다)고 하는 당신, 걱정할 필요 없습니다. 찾으려고 노력하면 반드시 찾을 수 있습니다. 그것을 발견한 그때부터 두근두근 설레는 인생이 시작됩니다.

한편 '정말 하고 싶은 일이 있다'고 한다면, 그 일에 어느 정도의 시간을 할애하고 있나요? '그렇게까지 하고 싶은 것은 아니지만 돈을 벌어야 해서' 또는 어쩔 수 없는 상황 때문에 '마지못해서' 하는 일에 얽매여 '하고 싶은 일을 할 시간이 없는' 것은 아닌가요? 혹은 재미있어 보이거나 유행하는 일에 정신이 팔려 눈 깜짝할 사이에 시간만 흘러가지는 않았나요?

　그렇다고 해도 걱정할 필요 없습니다. 지금 바로 '정말 하고 싶은 일'을 할 시간을 낼 수 있습니다. 처음에는 시간을 조금밖에 낼 수 없을지도 모르지만, 방법에 따라 충분한 시간을 낼 수 있습니다.

　사람들은 대부분 '정말 하고 싶은 일'이 무엇인지 모르거나(또는 없거나) '정말 하고 싶은 일'이 있어도 시간이 나지 않는 듯합니다. 그런 사람들은 시간의 흐름에 몸을 맡기고 살아도 '정말 하고 싶은 일'을 할 수 있는 날은 영원히 오지 않는다는 사실을 알아야 합니다.

　또 '돈을 벌 수 있는' 일만 계속하고, 설사 그렇게 해서 상당한 돈을 번다 해도 '정말 하고 싶은 일'을 하지 않으면 진심으로 만족한 삶을 살 수 없습니다.

　'좋아서 하는 것이 곧 숙달하는 길'이라는 속담이 있습니다. 인간의 뇌는 '정말 하고 싶은 일'을 할 때 가장 활성화되고, 이때 기술이 가장 크게 향상됩니다. 기술을 연마하여 '여간해서는 남들이 따라 할 수 없는 자신만의 특기'를 갈고닦고, 그로써 사회에 도움이 된다면 자신은 물론 다른 사람도 즐거울 뿐만 아니라 부수적으로 돈도 벌게 됩니다. 그쯤 되면 자신의 '놀이가 일'이 됩니다. 그런 신나는 인생을 살아보지 않겠습니까?

자화자찬이지만, 저는 20대 초반 무렵 '장래에 작가 겸 번역가가 되고 싶다'는 꿈을 품고, 오랜 세월에 걸쳐 꾸준히 문장력과 번역 실력을 갈고닦았습니다. 다행히 그 노력이 결실을 보아 30대 초반에 데뷔한 이후로 잇달아 집필과 번역 일이 들어왔고, 정신없이 일하는 사이에 저서와 번역서를 약 60권 출간하기에 이르렀습니다.

그 과정에서 저서와 번역서가 베스트셀러가 되고, 저서가 외국에서 번역 출판되고, 각 언론사의 인터뷰에 응하는 등 수많은 성공 체험을 할 수 있었습니다. 이후 관심 있던 철학과 공학, 법학, 상업학 학위를 따고, 독일어와 프랑스어, 이탈리아어, 스페인어, 중국어 실력을 중급 수준으로 끌어올리기도 했습니다.

게다가 직업 체험기를 써서 출간하자 금세 TV와 신문, 잡지, 기관지, 웹사이트, 유튜브, 입소문 등을 통해 화제가 되어 인터뷰, 저서 집필, 강연, 칼럼 연재 의뢰 등을 받고, TV와 라디오에도 출연하게 되었습니다. 몇 년 전의 저로서는 실로 놀라운 일들이 일어났는데, 그야말로 '정말 하고 싶은 일'을 계속해온 결과입니다.

돈이니 지위니 명성이니 하는 것을 계속 추구한다고 해서 당신의 삶이 빛을 발한다는 보장은 없습니다. 그러나 '언젠가 하고 싶다'고 생각하는 일은 (객관적으로 어찌 되었든) 당신에게 분명한 가치가 있습니다. 그런 일을 해야 비로소 당신의 삶이 빛을 발할 수 있습니다. 당신이 가장 당신다울 수 있기 때문입니다.

그리고 자신의 특기를 살려 다른 사람들에게 도움이 되고 돈도 벌 수 있다면 이보다 더 충만한 삶은 없을 것입니다. '정말 하고 싶은 일'을 하지 않고 큰돈을 버는 삶보다 훨씬 설레는 삶을 살게 될 것입니다.

이 책이 '언젠가 하고 싶다'를 '지금 바로' 실행하기 위한 힌트가 된다면, 더할 나위 없이 기쁠 것입니다.

미야자키 신지

PART
02 / 꿈꾸는 시간 복권방

PART

03 / 시간 역행자

PART

04/ 시간 수집가

PART
08

시간의 결괏값

하루 24시간은 변함이 없다.
시간을 늘릴 수 없다면
무의미하게 보내는 시간을
줄여야 한다.
일상에서 무심코 하는 일에
시간 강탈자가 숨어 있다.
나의 시간을 빼앗는
의미 없는 습관을 찾아서
과감히 없애라.

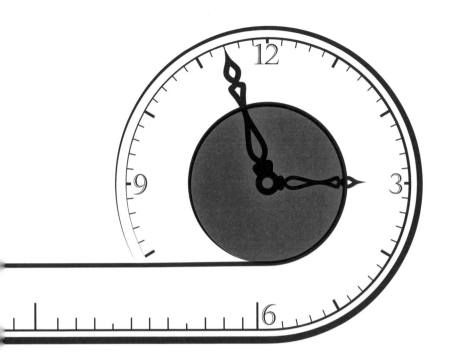

PART
01
三
시간 강탈자

001

나는 하루 종일 뭘 하며 보내는가?

시간을 잘 쓰기 위해서는 의식적으로 노력해야 한다. 그저 막연하게 시간을 보낸다면 시간을 잘 쓸 수 없다. 이것은 악필인 사람이 별 생각 없이 쓰던 대로 글씨를 써서는 악필에서 벗어나지 못하는 것과 같다. 글씨를 잘 쓰고 싶다면 연습해야 한다. 그렇지 않으면 몇십 년을 쓰더라도 글씨 실력이 늘지 않는다. 이와 마찬가지로 '시간을 잘 쓰자'는 결심을 하고 훈련하지 않으면 시간을 잘 쓸 수 없다.

그럼 어떤 노력을 하면 좋을까?

먼저 평소에 자신이 시간을 어떻게 쓰는지부터 알아보자. 당신은 자유시간을 어떻게 보내는가? 여기서 자유시간이란 식사나 목욕, 수면, 이발, 청소, 세탁, 휴식 등 일상생활을 하는 데 꼭 필요한 시간을 제외한 시간을 말한다. 일상에서 꼭 필요한 일을 하는 데는 시간을 잘 쓰는 사람이든 그렇지 않은 사람이든 별 차이가 없다.

예를 들어 평소 A씨는 일단 TV를 2시간, 인터넷 동영상을 1시간 시청하고, 문자에 답장하는 데 30분, 후회하는 데 30분을 쓴다.

당신은 어떠한가? 평소에 어떤 일을 하며 자유시간을 보내는가? A씨의 예를 참고하여 당신은 하루의 시간을 어떻게 쓰는지 아래의 표에 적어보자.

A씨		나	
무심코 TV를 본다	2:00		
무심코 인터넷 동영상을 본다	1:00		
문자를 한다	0:30		
후회한다	0:30		

시간을 잘 쓰려면 의식적으로 노력해야 한다.

그렇지 않으면 시간을 잘 쓸 수 없다.

먼저 평소에 자신이 자유시간을 어떻게 보내는지 써보자.

OO2

스티븐 코비의 '4가지 시간'

자기계발 전문가 스티븐 코비 박사는 《성공하는 사람들의 7가지 습관》에서 '시간 관리 매트릭스'를 제시했다.

제1영역은 '필수 시간'으로 '긴급하고 중요한 일'을 수행한다. 예를 들어 위기와 재해, 질병과 사고, 불만 사항 처리, 고장 난 기계 수리, 칭얼대는 아기 달래기 등이 해당한다.

제2영역은 '충실 시간'으로 '긴급하지는 않지만 중요한 일'을 처리한다. 예를 들어 폭넓은 인간관계 맺기, 건강한 몸 만들기, 준비와 계획, 공부와 자기계발, 진정한 의미의 오락 등이 해당한다.

제3영역은 '방해 시간'으로 '긴급하지만 중요하지 않은 일'을 한다. 예를 들어 중요하지 않은 전화, 중요하지 않은 급한 문제, 갑작스러운 방문, 무의미한 접대와 교제 등이 해당한다.

제4영역은 '낭비 시간'으로 '긴급하지도 중요하지도 않은 일'을 한다. 예를 들어 세상 돌아가는 이야기 등 심심풀이 대화, 보여주기식

시간 관리 매트릭스

제1영역 (긴급하고 중요한 일)	제2영역 (긴급하지는 않지만 중요한 일)
■ 위기와 재해 ■ 질병과 사고 ■ 불만 사항 처리 ■ 고장 난 기계 수리 ■ 칭얼대는 아기 달래기	■ 폭넓은 인간관계 맺기 ■ 건강한 몸 만들기 ■ 준비와 계획 ■ 공부와 자기계발 ■ 진정한 의미의 오락
제3영역 **(긴급하지만 중요하지 않은 일)**	**제4영역** **(긴급하지도 중요하지도 않은 일)**
■ 중요하지 않은 전화 ■ 중요하지 않은 급한 문제 ■ 갑작스러운 방문 ■ 무의미한 접대와 교제	■ 심심풀이 대화 ■ 보여주기식 업무 ■ TV 시청, 인터넷 서핑 ■ 단순 놀이 ■ 대기 시간

출처 : 《성공하는 사람들의 7가지 습관》(스티븐 코비)

업무, TV 시청, 인터넷 서핑, 단순 놀이, 대기 시간 등이 해당한다.

우리가 하는 모든 일은

'긴급하고 중요하다', '긴급하지는 않지만 중요하다',

'긴급하지만 중요하지 않다',

'긴급하지도 중요하지도 않다' 중 하나로 분류된다.

003

무심코 하는 일이 바로 '시간 도둑'

내가 시간을 소비하면서 했던 행동이 '시간 관리 매트릭스'의 어느 영역에 해당하는지 알아보기 위해 연습문제를 풀어보자. 다음 ①부터 ④는 어느 영역에 해당할까?

① 이가 아파서 참지 못하고 치과에 갔다.

참을 수 없을 정도의 치통은 바로 처치해야 하므로 '긴급하고 중요한 일', 즉 제1영역(필수 시간)에 해당한다.

② 장래에 학자가 되고 싶어서 전문 서적을 읽으며 공부했다.

꿈을 실현하고자 공부하는 것은 '중요한 일'이지만, 지금 당장 해야 할 일은 아니므로 '긴급하지는 않지만 중요한 일', 즉 제2영역(충실 시간)에 해당한다.

③ 딱히 볼 생각은 없었는데 TV를 보다 어느새 3시간이 흘렀다.

의도하고 본 것과 달리 별 생각 없이 무심코 봤다는 것은 '긴급하지도 중요하지도 않은 일', 즉 제4영역(낭비 시간)에 해당한다.

④ 판매 권유 전화가 와서 이야기를 듣다 보니 30분이 지났다.

전화는 받아봐야 중요한지 아닌지 알 수 있다. 전화가 울리는데 계속 놔둘 수는 없으므로 '긴급'하지만, 이야기를 들어봤더니 '중요하지 않았다'면, 이는 '긴급하지만 중요하지 않은 일', 즉 제3영역(방해 시간)에 해당한다.

각각의 활동이 어느 영역에 해당하는지 판단할 수 있다면, 자신이 자유시간을 어떤 영역에 쓰고 있는지 분류해보자. 앞서 살펴본 A씨의 예시도 넣어두었다.

A씨			나	
무심코 TV를 본다	2:00	제4영역		
무심코 인터넷 동영상을 본다	1:00	제4영역		
문자를 한다	0:30	상황에 따라 다름		
후회한다	0:30	제4영역		

평소 자신이 하는 활동이
어느 영역에 해당하는지 알아보자.

성공하는 사람의 시간은 천천히 흐른다

시간에 관한 책에서는 '시간은 누구에게나 평등하게 주어진다'고 말한다. 하지만 대부분의 사람들은 시간이 '평등하게 주어진다'는 것을 느끼지 못할 것이다. 시간은 손에 잡히거나 눈에 보이는 것이 아니기 때문이다.

심지어 '시간은 존재하지 않는다'고 말한 철학자도 있다. 상태의 변화만 존재할 뿐, 시간은 인간이 만들어낸 잣대에 불과하다는 것이다. 개인적으로는 이 말이 더 그럴듯하다. 시간에 따른 상태의 변화는 확실하게 느낄 수 있으니 말이다.

'시간은 존재하지 않는다. 상태의 변화만 존재할 뿐이다'라는 말이 옳다면, 시간은 누구에게나 평등한 것이 아니다. 객관적으로는 시간의 길이가 같은 것처럼 보여도 어떤 사람에게는 변화무쌍하고 '시간이 천천히 간다'고 느껴지는 반면, 다른 사람에게는 변화가 적어서 '시간이 빨리 간다'고 느껴진다.

'어릴 때는 1년이 천천히 가지만, 어른이 되면 같은 1년이어도 시간이 빨리 가는 듯한 느낌이 든다'고 말한다. 바꿔 말하면 어릴 때의 '1년'은 변화가 풍부하지만, 어른이 되고 나서 '1년'은 변화가 적다고 할 수 있다. 변화가 적어서 시간이 눈 깜짝할 사이에 지나가는 것처럼 느껴진다.

그렇다면 이렇게 생각할 수도 있다. 시간을 늘리고 싶은(시간이 천천히 흐르도록 하고 싶은) 사람은 목표를 향해 날마다 노력하고 성장하면 된다. 그러면 변화무쌍한 나날을 보낼 수 있고 시간이 천천히 흐르는(시간이 늘어나는) 것처럼 느껴진다. 반대로 멍하니 하는 일 없이 나날을 보내는 사람은 성장도 변화도 없기에 1년이 눈 깜짝할 사이에 지나가는(시간이 줄어드는) 것처럼 느껴진다.

시간을 늘리고 싶다면 목표를 정하고 그것을 이루기 위해 매일 노력하자. 노력할수록 자신이 성장하고 변화하기에 시간이 천천히 흐르는 것처럼(시간이 늘어나는 것처럼) 느껴진다.

시간을 '늘리고' 싶다면
목표를 정하고 그것을 이루기 위해 하루하루 노력하자.
변화무쌍한 삶을 살면
시간이 무의미하게 흘러가는 일이 없다.

005

남는 시간이야말로 성공할 시간

많은 사람들이 '돈을 벌기 위해 일한다'고 믿는다. 분명 돈을 벌기 위해 일하기도 한다. 하지만 우리가 일을 하는 데는 돈을 버는 것보다 더 중요한 2가지 목적이 있다. 하나는 세상에 공헌하는 것이고, 다른 하나는 자신을 성장시키는 것이다. 이러한 목적을 충족할 수 있는 일을 하면 '돈 이상으로 소중한 것'들을 얻게 된다.

하지만 이 사실을 모르는 사람들이 너무 많다. 그런 직업이 존재하는가 싶겠지만 분명 존재한다. 바로 모두가 동경하는 직업이다. 가수, 운동선수, 바둑기사, 화가, 만화가, 작가, 배우……. 이들은 좋아하는 일을 직업으로 삼은 사람들이다. '돈을 벌기 위해서'라기보다는 '좋아서' 하는 것이다. 돈을 벌기까지 아주 오랜 세월 수련해야 하기 때문에 좋아하지 않고서는 하기 힘들다. 돈을 벌 목적이라면 더 쉬운 일도 많을 텐데 그러한 유혹에 굴복하지 않는다.

하지만 '일이란 돈을 벌기 위해 하는 것'이라고 믿는 많은 사람들이 그 '어쩔 수 없이 하는 일'에 하루의 대부분을 소비한다.

그들은 '어쩔 수 없이 하는 일'이 인생의 '본경기'이고, 그 외의 시간을 '남는 시간'이라고 착각한다. 그들은 그 '남는 시간'을 자신의 꿈을 실현하는 데 쓸 생각조차 하지 못한다. 그래서 욕망을 채울 수 있는 정도의 쉬운 일을 하면서 시간을 보낼 뿐이다.

그런 생활이 지속되면 기술도 늘지 않을뿐더러 '열정을 불태울 수 있는 일'을 영원히 할 수 없다. 바꿔 말해 열정을 불태울 수 있는 일을 하고 싶다면, '남는 시간'에 기술을 갈고닦아야 한다.

열정을 불태울 수 있는 일을 직업으로 삼지 않은 사람에게는 '남는 시간'이야말로 본경기다. 오늘부터 '남는 시간'을 꿈을 실현하기 위한 시간으로 바꿔보자.

'열정을 불태울 수 있는 일'을 직업으로 삼지 않은 사람에게는

'남은 시간'이야말로 '본경기'다.

그 시간을 꿈을 실현하기 위한 시간으로 바꾸자.

006

돈 버는 것과 상관없는 일을 할 시간

꿈을 실현하는 데 시간을 쓰고자 해도 꿈이 없으면 불가능하다. 꿈이 없는 사람에게 아무리 자유시간을 주어도 그저 흘려보낼 뿐이다. 애초에 하고 싶은 일이 없으니 시간을 한가롭게 보낸다.

꿈을 찾고자 할 때 유의해야 할 것이 있다. 지금 하는 일의 연장선상에 있는 꿈은 설령 이루어진다고 해도 마음속 깊이 만족할 수 없다는 점이다. 예를 들어 근속연수와 나이에 따라 직급이 올라가는 회사에서 큰 실수 없이 연차가 쌓여서 '승진했다' 하더라도 마음속 깊이 자신이 성장했다는 기쁨은 느낄 수 없다. 그저 지금의 연장선상에서 나아가고 있을 뿐이다.

그럼 '자신이 성장하고 있다'는 충만감을 맛볼 수 있는 설레는 꿈이란 어떤 것일까? 바로 지금 하는 일의 연장선상에 없는 것, 바꾸어 말하면 마음속 깊이 해보고 싶었던 일이다.

뇌과학자 도마베치 히데토는 《'말'이 당신의 인생을 결정한다》에서 이렇게 말했다.

"지금에 머무른 채 인식할 수 있는 이상적인 현상을 목표로 하는 한, 어떠한 시도를 하든 지금을 긍정하고 유지하기 위한 수단이 될 뿐이다. (중략) 그들은 현재에 없는 일을 하려고 하지 않으며, 현재의 바깥에 무한한 가능성이 있음을 상상조차 하지 못한다."

지금 하는 일의 연장선상에 있는 꿈이 아니라 진심으로 이루고 싶은 꿈을 발견하는 데서부터 시작해야 한다. 돈을 버는 것과는 상관없는 일, 이를테면 터무니없는 일이라도 괜찮다. 오히려 말도 안 되는 꿈일수록 흥미롭다. 먼저 그런 꿈을 찾아보자.

진심으로 해보고 싶고 상상하는 것만으로 설레는 일을 찾아냈을 때 시간의 소중함이 절실하게 다가오고, 시간을 소중히 쓰고 싶은 마음이 든다.

지금 하는 일의 연장선상에 있는 꿈이 아니라
진심으로 해보고 싶은 설레는 꿈을 찾자.

쉬는 날 뭘 하는지가 인생을 좌우한다

"쉬는 날은 뭘 해야 할지 모르겠어요. 이러다 정년퇴직해서 회사를 그만두면 매일 뭐 하고 지내야 할지 지금부터 걱정입니다. 딱히 하고 싶은 것도 없고……."

이렇게 말하는 사람들이 있다. "휴일에 뭐 하세요?"라고 물어도 "딱히 하는 일이 없다"고 대답한다. 이들의 특징은 시간을 구조화하는(스스로 계획을 세우고 시간을 쓰는) 습관을 가지고 있지 않다는 점이다.

지금까지 살아오면서 자신이 하고 싶은 일을 하는 데 자율적으로 시간을 사용하는 것이 아니라 '해야 할 상황에 내몰려서' 타율적으로 시간을 사용했기 때문에 여유 시간이 생기면 어찌할 바를 모른다. 그들은 하지 않으면 안 될 일이 아닌 한 딱히 할 일이 없다. 그래서 시간 여유가 생기면 쾌락을 얻을 수 있는 일을 하거나 소일거리를 하면서 보낸다.

어느 철학자는 인생의 2대 불행은 질병과 지루함이라고 했다. 시간을 구조화하는 습관이 없으면 한가한 시간에 뭘 할지 몰라 지루하기 짝이 없는 삶을 살 것이다.

'아침에 일어나도 아무 할 일이 없고, 말벗도 없고, 나갈 곳도 없는' 생활을 견딜 수 있는가? 사람들도 대부분 그런 지루한 생활은 질병만큼이나 견디기 힘들 것이다.

지루함이라는 불행에 빠지지 않으려면 여유 시간도 구조화할 수 있어야 한다.

그럼 어떻게 해야 할까? 먼저 '좋아하는' 일을 몇 가지 찾는다. 그러면 시간 여유가 생겼을 때 하고 싶은 일을 떠올리게 된다. 그것을 하기 위해 시간을 구조화하면 지루함에서 벗어나 앞날을 기대하게 된다. 자신이 좋아하는 일을 찾아보자. 다른 누군가가 찾아줄 수 있는 일이 아니다. 스스로 찾아야 한다.

'좋아하는 일'이 없는 사람은
한가한 시간에 한없이 지루함이 밀려온다.
'좋아하는 일'을 찾으면 하고 싶은 일들이 떠오르고,
그것을 하기 위해 시간을 구조화하게 된다.

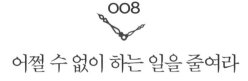

어쩔 수 없이 하는 일을 줄여라

'좋아하는 일'을 찾으려면 어떻게 해야 할까?

어쩔 수 없이 해야 하는 일을 하면서 보내는 시간을 줄이고 내가 원하는 일을 하는 것이다. 예를 들어 '상사에게 지시받았다', '돈을 벌 수 있다', '주위 사람들에게 인정받는다'와 같이 자신의 가치관과 관계없는 일을 하면서 보내는 시간을 줄인다. 이런 일을 하는 데 시간을 쓰는 사람은 자신을 압박하지 않는 일 외에는 무엇을 해야 할지 알 수 없다. 자신이 가치 있다고 여기는 일, 진심으로 하고 싶은 일을 해야 한다.

당신은 지금 가치 있다고 판단되는 일을 하고 있는가, 아니면 어떤 이익을 얻을 수 있는 일을 하는가? 설령 어떤 이익이 있다고 하더라도 자신의 가치관과 관계없는 일에 시간을 허비하면 '좋아하는 일'을 찾을 수 없다. 애초에 '좋아해서' 시작한 일이 아니기 때문이다.

'좋아하는 일'을 찾으려면 먼저 어쩔 수 없이 해야 하는 일들을 줄이자. 자신의 의지와 상관없이 정해진 일을 하다 보면 눈 깜짝할 사이에 시간이 흘러가고 영원히 '좋아하는 일'을 찾지 못하고 끝날 것이다.

이제는 자신이 가치 있다고 생각하는 일을 하는 데 시간을 소비하자. 시를 써서 투고해보고, 그림도 그려보고, 외국어를 배워본다. 가치 있다고 여겨지는 일이라면 무엇이든 좋다. '그런 일을 해도 아무 이득이 없다'는 생각이 들 수도 있다. 하지만 정말 그런지는 해봐야 안다. 그 일을 해서 돈을 벌지는 못해도 손해 볼 일은 없다. 그만큼 인생을 즐길 수 있으니 말이다.

'어쩔 수 없이 하는 일'을 줄이고
'좋아하는 일'을 하는 데 시간을 쓰자.

009

돈을 좇는 사람은 하루가 늘 바쁘다

일본 금융청에서 이대로라면 노후를 보내는 데 약 2천만 엔이 부족할 것이라고 예상한 데서 '연금 2천만 엔 문제'가 화제로 떠올랐다. '돈을 모아야 안심하고 노후를 보낼 수 있다'고 해서 돈에 얽매인 생활을 하면 과연 인생이 풍요로울까?

오히려 어느 정도 돈만 있으면 그 이상 벌려고 안달하기보다 자신이 좋아하는 일을 하면서 인생을 즐길 수 있다.

예를 들어 한 중년 남성이 어느 단체의 이사가 되었다. 왜 이사가 되었냐고 묻자 그는 "보수를 받을 수 있으니까요"라고 대답했다. 이것은 자신의 의지로 움직인 것이 아니라 돈에 의해 움직인 것이다.

돈 때문에 어떤 일을 했다고 해서 비난할 수는 없다. 각자 사정이 있으니 조금이라도 더 돈을 모으겠다고 하는 것도 하나의 선택이다. 다만 막대한 자산을 가진 사람이 돈 때문에 이사가 될 필요는 없다.

이사회에 참석하는 날은 그 일정 하나만으로 거의 하루가 지나간다. 그 하루를 '언젠가 하고 싶은' 일에 쓴다면, 언젠가 큰 결실을 볼 수 있다. 자신만이 할 수 있는 기술을 계속 갈고닦으면 강연과 저서 집필, TV 출연을 하게 될지도 모른다. 하지만 돈을 벌기 위해서만 '움직인다'면 그런 길은 좀처럼 열리지 않는다.

다시 한 번 말하지만 돈을 벌려고 하는 일이 무조건 나쁘다는 뜻은 아니다. 다만 미래를 내다보고 자신에게 돈이 얼마나 필요한지 곰곰이 생각해보자. 오늘 하루 동안 '언젠가 하고 싶은 일'과 '돈을 벌기 위한 일' 중에 어느 쪽을 하는 것이 자신에게 정말 가치 있는 일인지 생각해보자.

답을 내는 것은 자신이다. 그렇게 많은 돈을 벌 필요 없다는 생각이 든다면, 돈 버는 일보다 '언젠가 하고 싶은 일'을 우선 하자.

'돈 버는 일'을 하며 하루를 보내면 금전적인 보수는 얻을 수 있지만,

그만큼 '언젠가 하고 싶은 일'을 할 시간이 줄어든다.

어느 쪽이 자신에게 더 가치 있는 일인지 다시 생각해보자.

010

시간은 나를 기다려주지 않는다

모든 인간은 언젠가는 죽게 마련이다. 이러한 사실을 의식하고 사는 사람이 과연 얼마나 될까? 유한한 삶을 풍요롭게 살고자 한다면, 자신이 언젠가 죽는다는 것을 의식하고 시간을 허투루 흘려보내서는 안 된다. 인간은 하루하루 죽음에 가까워지고 있음을 지금부터 의식하자. 그리고 자신의 인생이 앞으로 몇 년 남았는지를 생각해보자. 20년? 10년? 아니, 1년 남았을 수도 있다.

"재수 없는 말 하지 마세요!" 이렇게 화내는 사람도 있겠지만, 인간은 언제 죽을지 스스로 정할 수 없으며 이른 나이에 죽는 사람도 있다. 생존을 위한 일만 되풀이하다 보면 진심으로 충만한 삶을 살 수 없다. 반대로 어딘가 채워지지 않는 일상에서 한 발짝 벗어나려면 매일 시간의 소중함을 인식하고 노력해야 한다.

인간은 언젠가 죽는다는 사실을, 하루하루 죽음에 가까워지고 있음을 인식하고 죽기 전에 무엇을 이루고 싶은지 생각해보자. 당신은 무슨 일로 세상에 공헌하고 싶은가? 당신의 최종 목표는 무엇인가? 당신은 죽은 후에 어떤 사람으로 기억되고 싶은가?

현대 경영학을 창시한 피터 드러커는 고등학교를 다닐 때 어떤 신부가 이렇게 말했다고 한다.

"'자신이 죽은 후에 어떤 사람으로 기억되고 싶은가?' 이 질문에 50세가 되어도 대답하지 못하면 그릇된 삶을 산 것이다."

이후로 피터 드러커는 자신의 최종 목표를 정하고 죽을 때까지 계속 마음속에 소중히 간직했다.

당신의 최종 목표는 무엇인가? 바로 대답할 수 있는가?

물론 최종 목표를 정했다고 해서 그대로 이루어진다는 보장은 없다. 하지만 삶의 방향을 정하지 않고 사는 것은, 목적지도 없이 출항하는 것과 같다. 어디로 갈지 정하지 않으면 사소한 일에 흔들릴 때마다 궤도를 수정해야 한다.

시간은 기다려주지 않는다. 누군가 당신에게 최종 목표를 정해주는 일도 없다. 지금 스스로 최종 목표를 정하고, 이를 실현하기 위한 노력을 시작하자.

'나는 OO한 사람으로 기억되고 싶다'라는
최종 목표를 지금 당장 정하고, 그것을 향해 움직이자.

'나중에',
'언젠가'는 해야지,
하고 미뤄둔 일들이 있는가?
하지만 그 언젠가는
영원히 오지 않을 수 있다.
시간은 나를 기다려주지 않는다.
그러므로 하고 싶은 일이 있다면
지금 당장 계획을 세우고
작은 것부터 시작하라.

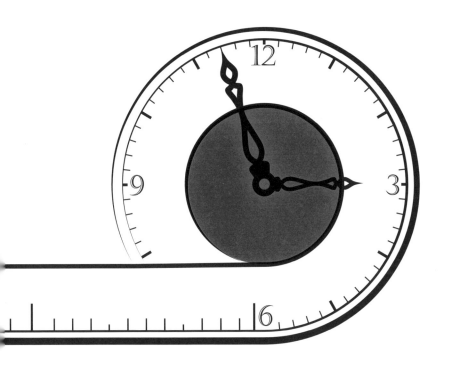

PART
02
≡
꿈꾸는 시간 복권방

011

'나중에 시간 나면 하고 싶은 일'은 무엇인가?

우리는 어떤 행동을 할 때 우선 생각부터 떠올린다. 예를 들어 음식을 만들 때도 '어떤 음식을 만들까'를 먼저 생각하고, 에세이를 쓸 때도 '이 체험에 관한 이야기를 써야겠다'고 생각한다. 반대로 마음속에 생각이 떠오르지 않으면 어떤 행동을 하거나 성과를 낼 수 없다.

밀리언셀러 작가 삭티 거웨인은 《간절히 그렇다고 생각하면 반드시 그렇게 된다(Creative Visualization)》에서 다음과 같이 말했다.

"화가는 어떤 그림을 그릴지 정하고 나서 그림을 그리기 시작한다. 건축가는 어떤 집을 지을지 정하고 나서 집을 짓기 시작한다. 아이디어는 청사진과 같다. 아이디어가 이미지를 만들어내고, 그 이미지가 현실이 되도록 물질적인 에너지를 끌어당긴다. 그리고 그것이 최종적으로 형태를 갖추는 것이다."

나는 영국에서 유학 생활을 시작할 때부터 '유학 체험기에 관한 책을 내고 싶다'고 생각했다. 당시에는 아직 책을 한 권도 낸 적이 없었기에 실현되리라고 생각하지 않았지만, 막연히 그런 꿈을 품고 있었다.

책을 내고 싶다는 생각을 계속 가지고 있으면 이것을 쓰자, 저것을 쓰자, 하고 소재가 떠오르기 마련이다. 책으로 낼 자신은 없었지만 꾸준히 원고를 쓰다 보니 1년이 지났을 무렵에는 한 권 분량이 쌓였다. 밑져야 본전이라는 생각으로 그 원고를 가지고 출판사에 제안했다가 마침내 책을 낼 수 있었다. 당시에 친구들은 이렇게 말했다.

"미야자키는 대단하네. 나는 아무것도 한 게 없는데, 시간이 순식간에 지나갔어. 나도 너처럼 뭔가 쓸걸 그랬어."

'유학 체험기를 내고 싶다'는 생각을 하지 못한 사람은 쓸 소재가 떠오르지 않는다. 책이든 무엇이 되었든 어떤 형태가 있는 것을 만들고 싶다면, 먼저 마음속에 생각을 떠올려야 한다. 그렇지 않고서는 아무것도 시작할 수 없다.

꿈을 실현하려면 먼저 '하고 싶다'고 생각하는 것부터 시작해야 한다. 지금 바로 찾자. 그것이 첫걸음이다.

정말 하고 싶은 일을 지금 찾는 것에서 꿈이 시작된다.

012

시간은 스스로 나를 찾아오지 않는다

나는 글 쓰는 일을 하면서 안정적인 생계를 꾸리기 위해 '작업 대기 시간'(108쪽 참고)이 있는 예닐곱 곳에서 아르바이트를 했다. 그런데 함께 일하는 사람 중에 '하고 싶은 일이 없다'고 하는 사람들이 많아서 놀랐다. 그들은 내가 자격시험을 준비하고 있다고 하자 이구동성으로 물었다. "자격 수당도 못 받는데 왜 그렇게 열심히 하나요? 돈 안 되는 짓을 뭐하러 해요? 시간 아깝게." 내가 "공부하는 것 자체가 좋아서요"라고 말해도 믿지 않았다. 다 그런 것은 아니지만 공부가 즐거운 자격시험도 많다.

최근에는 중국어 회화를 배우기 시작했는데, 중국인 선생님이 물었다. "왜 중국어를 배우려고 하세요? 중국 출장을 가게 되었나요? 회사에서 중국어를 배우라고 했나요?" 내가 "중국어를 배우는 게 재미있어서요"라고 대답하자, "오랜 세월 중국어를 가르쳐왔지만, 지금까지 그렇게 말하는 학생은 본 적이 없어요"라며 놀라워했다.

이처럼 많은 사람들이 어떤 일을 했을 때 이득을 보는 '사탕' 또는 하지 않으면 손해를 보는 '채찍'이 있어야 비로소 움직인다. 그들은 자신 이외의 무엇인가에 영향을 받아 마지못해 노력한다.

하지만 일이든 공부든 마지못해 해서는 빛을 발하지 못한다. "그래도 하고 싶은 게 없는걸요"라고 말하는 사람들이 있다. 하고 싶은 일은 자연스럽게 발견되는 것이 아니라 스스로 찾아야 한다.

스스로 찾기를 미루면 영원히 찾을 수 없다. 실제로 수십 년째 '하고 싶은 일이 없다'고 하는 사람들을 수없이 봐왔다. 그들 중에 '하고 싶은 일을 발견했다'고 하는 사람은 단 한 명도 없었다. 당연한 일이다. 그것은 '발견하는' 것이 아니라 '찾는' 것이기 때문이다.

지금 '하고 싶은 일'을 찾아보자. 언젠가가 아니라 지금이다. 지금이 아니면 영원히 '하고 싶은 일'을 찾을 수 없을 것이다.

자신이 정말 '하고 싶은 일'을 지금 찾아보자.

언젠가가 아니라 지금 찾지 않으면

영원히 찾을 수 없다.

013

하고 싶은 일을 하지 못하는 진짜 이유

'하고 싶은 일을 해서 먹고살 수는 없다'는 고정관념에 사로잡힌 사람들이 있다. 그것이 사실일까? 이제는 진실을 바라보자. 하고 싶은 일을 해서 먹고사는 사람의 비율은 낮지만 얼마든지 있다.

생활비를 벌어야 하는 것은 당연하지만, 그렇다고 돈을 벌기 위해 계속 일하느라 '정말 이루고 싶은 꿈'을 실현하지 못한다는 것은 변명이다.

단지 생활비를 벌기 위해 일하다 보면 거기에 막대한 시간과 노력을 빼앗기게 된다. 하고 싶은 일을 할 수 없는 것은 물론 하고 싶은 일을 찾지도 못한 채 살아간다. 그보다는 자신이 하고 싶은 일을 자신의 업으로 삼을 방법을 생각해보자.

나는 스물한 살 무렵부터 작가 겸 번역가가 되는 것이 꿈이라고 주변 사람들에게 말하곤 했다. 그때마다 사람들은 "그걸로 먹고살 수 있겠어? 회사에 취직하는 게 낫지 않아?"라고 말했다.

하지만 '이렇게 하지 않으면 안 된다', '먹고살려면 이렇게 해야 한다'고 다른 사람들이 닦아놓은 길을 따라 걸어가는 삶이 즐거울까? 사실은 하고 싶지 않지만 안정적인 직업이라는 이유로 하는 일이 과연 즐거울까?

소크라테스는 "살기 위해 먹어라, 먹기 위해 살아서는 안 된다"라는 명언을 남겼다. '먹기 위해 사는' 삶은 앞뒤가 바뀐 것이다.

나는 서른네 살에 작가 겸 번역가로 데뷔한 이래 번역 이외에도 저서 집필, 강연, 칼럼 연재와 같은 다양한 의뢰를 받았다. 출간한 책이 한국어와 중국어로 번역 출판되기도 했다. 최근에는 TV, 라디오 출연 등 활동 반경이 더욱 넓어지고 있다.

'하고 싶은 일을 해서는 먹고살 수 없다'는 고정관념을 버리자. 좋아하는 일만 했을 때 수입이 부족할 수는 있다. 하지만 어떻게든 먹고살 길은 있다. 이것을 '하고 싶은 일을 하지 못하는 이유'로 삼지 않아야 한다.

'하고 싶은 일을 해서는 먹고살 수 없다'는 고정관념을 버리자.

좋아하는 일을 업으로 삼으면서도 얼마든지 먹고살 수 있다.

014

시간 가는 줄 모르고 하게 되는 일

어떤 일이든 오랫동안 노력을 거듭하면 어느 정도 실력이 늘기 마련이다. 그러나 타고난 적성이 있는 것도 사실이다. 특히 특별한 능력이 요구되는 일은 적성에 좌우된다.

나 또한 이러한 사고방식을 부정하고 싶었다. 내가 할 수 없는 일을 적성 탓으로 돌리는 것은 비겁해 보였고, 적성에 맞지 않더라도 노력하면 어떻게든 할 수 있다고 생각하고 싶었다.

하지만 그럴싸한 말을 늘어놓아도 할 수 없는 것이 현실이다. 제아무리 노력한다고 해도 누구나 프로 스포츠 선수가 될 수 없고, 음악가로서 먹고살 수 있는 것도 아니다. 적성에 맞지 않으면 평생 노력해도 안 되는 것은 안 된다.

타고난 적성이 있다는 사실을 받아들인 것은, 홈런 타자가 되느냐 아니냐는 선천적으로, 다시 말해 몸의 구조에 의해 결정된다는 이론을 접하고서였다. 홈런 타자가 될 수 있는 조건에 맞지 않는

몸으로는 아무리 노력해도 홈런 타자가 될 수 없다.

이 이론을 처음 접했을 때는 충격적이었다. 하지만 반대로 생각해보면 좋은 소식이기도 했다. 왜냐하면 자신에게 적합하지 않은 일이 있다는 말은 자신에게 적합한 일도 있다는 의미이기 때문이다.

자신이 홈런 타자가 될 수 없음을 순순히 받아들이고 방향을 틀면 애버리지 히터(홈런은 많지 않으나 타율이 높은 타자) 혹은 번트 장인으로 맹활약할 수 있다. 그것이 팀뿐만 아니라 자신에게도 좋다. 자신이 몇 배 더 빛나기 때문이다.

성경에 "우리에게 주신 은총의 선물은 각각 다릅니다"(〈로마서〉 12장 6절)라는 구절이 있다.

누구나 다른 선물을 가졌다. 그러니 자신의 기질에 맞지 않는 일에 매달리지 말고 자기 적성에 맞는 '좋아하는 일'을 찾자.

'이 일을 할 때 가장 설렌다. 시간 가는 줄도 모르고 열중할 수 있다. 이 일을 하면 100명 중에 1등이 될 수 있다'고 생각되는 일을 시작해보자.

우리 모두는 저마다 다른 재능을 가졌다.
자신의 기질에 맞는 '좋아하는 일'을 찾아야
가장 빛날 수 있다.

015

오늘부터 '1일'이다

꿈을 이루기 위해서는 노력해야 한다는 것을 누구나 안다. 문제는 언제부터 시작하느냐이다. '지금은 바쁘니까 언젠가 여유가 생기면 시작하자'라고 계속 미루는 사람들이 너무 많다.

그런 사람에게 언젠가 여유가 생길까? 혹여 여유가 생긴다 한들 무언가 또 시작할 수 없는 이유가 생기지 않을까?

캐나다의 경제학자이자 작가인 스티븐 리콕은 다음과 같이 말했다.

"어린아이는 '크면'이라고 말한다. 하지만 그 아이는 크면 '어른이 되면'이라고 말한다. 그리고 어른이 되면 이번에는 '결혼하면'이라고 말한다. 그럼 결혼하면 어떻게 말할까? '은퇴하면'으로 바뀐다."

그의 말대로 '언젠가 하자'고 시작하기를 미루는 사람에게 그 '언젠가'는 영원히 오지 않는다. 정말 이루고 싶은 꿈이라면 '언젠가'가 아니라 지금 시작해야 한다. 어떤 작은 일이라도 좋으니 아무것도 하지 않는 날을 보내지 않는 것이 핵심이다.

반드시 매일 어떤 작은 일이라도 실천해나간다. 이를 조금씩 반복해나가는 길 외에 꿈을 실현할 방법은 없다. 의욕이 생겼을 때 한 번에 하면 된다고 생각하지만, 그런 날은 1년 중에 며칠 없다.

오늘부터 1일이다. 지금 바로 시작하자.

책을 내고 싶다면 지금 바로 쓰기 시작하자. 제대로 된 문장을 쓸 수 없다면 가볍게 메모하는 정도도 좋다. 학교를 설립하고 싶은 사람이라면 모범이 되는 학교를 견학하거나 적어도 웹사이트를 살펴본다. 이를 실현하기 위한 아이디어를 적어보는 것도 괜찮다. 강사가 되고 싶다면 이를 위한 공부를 시작하자.

하고자 하는 마음만 먹으면 반드시 해야 할 일을 찾을 수 있다. 그 일을 미루지 말고 단 1밀리(mm)라도 좋으니 오늘 더 앞으로 나아간다. 이것이 바로 꿈을 실현하는 가장 확실한 방법이다.

꿈을 이루기 위해 오늘부터 시작하자.

어떤 작은 일이라도 좋다.

지금 바로 시작하자.

단 1센티라도 오늘 앞으로 나아간다

도저히 해낼 수 없을 듯한 일이라도 바로 시작할 수 있는 기술이 있다. 바로 살라미 테크닉이다. 이탈리아의 살라미 소시지는 얇게 썰면 맛있게 먹을 수 있지만, 통째로 한 덩어리를 그대로 내놓으면 도저히 먹을 수 없다. 너무 큰 목표는 한 덩어리의 살라미와 같다. 끝까지 해내야 한다는 생각에 도리어 압도당할 수 있다.

예를 들어 아직 한 권도 책을 써보지 않은 사람이 한 권을 써내겠다고 애를 쓰면 도리어 위축되어 문장이 써지지 않는다. 하지만 그런 사람도 하나의 에피소드를 에세이로 쓰는 정도라면 즐겁게 쓸 수 있을지도 모른다.

최종 목표를 머릿속에 그렸을 때 압도당하는 듯 느껴지면 살라미 테크닉을 활용해보자. 방법은 간단하다. 최종 목표를 이루기까지 해야 할 일을 세세하게 나눈 다음 할 수 있는 일부터 하나씩 하는 것이다.

나는 영국 대학원 시절에 처음으로 석사 논문을 썼다. 글자 수로는 영어 2만 단어를 써야 했다. 나를 포함해서 긴 영어 논문을 써본 적이 없는 학생들이 대부분이어서 모두 영문을 쓰는 데 어려움을 겪었다. 써야 한다고 생각하면서도 소재가 생각나지 않으면 압도당하고 마는데, 그때 활용한 방법이 살라미 테크닉이다.

글이 써지지 않을 때 석사 논문을 완성하는 데 필요한 다른 작업(참고 자료 모으기, 그림과 표를 보기 쉽게 수정하기, 오탈자 고치기)을 하나씩 해나갔다. 그것조차 막히면 용지 사러 가기, 파일철 사 오기, 표지 작성하기 등의 잡다한 일을 했다.

흥미로운 점은 잡일이라도 하다 보면 '진행하고 있다'는 느낌이 들고, 그러면 신기하게도 의욕이 솟아오른다.

최종 목표를 머릿속에 그렸을 때 너무 막막하면, 해야 할 일을 나눠서 하기 쉬운 일부터 시작해보자. 잡일이라도 좋다. 아무리 작은 일이라도 일단 시작하면 하고자 하는 의욕이 생긴다. 기세가 일어난 뒤에는 목표까지 돌진하기만 하면 된다.

목표에 압도당해서 위축된다면

최종 목표까지 해야 할 일을 나눠서

하기 쉬운 일부터 시작하자.

심리적 영역을 넓히면 시간도 늘어난다

'언젠가 하고 싶다'는 꿈을 품었을 때 확실하게 한 걸음 한 걸음 꿈을 향해 걸어갈 수 있도록 이끌어주는 원동력은 무엇일까?

뇌과학자 도마베치 히데토는 '심리적 안전지대'를 넓혀야 한다고 주장한다. 안전지대(comfort zone)는 쾌적하게 생활할 수 있는 외부 환경을 말한다. 예를 들어 인간에게는 몇 도에서 몇 도까지 쾌적하게 느끼는 기온의 폭이 있는데, 그곳이 바로 안전지대. 거기에서 조금이라도 벗어나면(더워지거나 추워지면) 불쾌함을 느끼므로, 우리 몸은 체온이나 혈압을 조절하려고 한다(항상성 유지 기능).

재미있는 점은 누구에게나 '심리적 안전지대'가 존재한다는 사실이다. 그리고 여기에서 벗어나는 일을 본능적으로 꺼린다. 예를 들어 강연해본 적이 없는 사람은 갑자기 강연 의뢰를 받으면 '내가 대중 앞에서 강연할 수 있을까' 두려워한다.

'심리적 안전지대'는 훈련을 통해 넓힐 수 있다. 도마베치 히데토는 《텔레비전을 봐서는 안 된다》에서 다음 3가지 과정을 제시한다.

1. 잠정적인 목표를 한 가지 설정한다.

2. 그 목표를 이룬 미래의 모습을 실감 나게 떠올린다.

3. 목표를 이루기 위해 현재 자신이 어떠해야 하는지 곰곰이 생각한다.

이 3가지 과정을 거치면 '지금의 나는 어떠하고, 목표를 달성하려면 지금 어떤 일을 해야 한다'는 것을 알 수 있다. 그리고 이것이 원동력이 된다.

예를 들어 책을 내고 싶은 사람이 3가지 과정을 거치면 '원고를 매일 ○장씩 써야 한다. ○장을 쓰면 출판사에 보내야 한다'와 같이 구체적인 행위를 떠올릴 수 있다. '언젠가 하고 싶다'고 생각하는 꿈이 있다면 현재의 자신에게 품은 불만을 원동력으로 삼자. 그것이 바로 가장 좋은 원동력이 된다.

'언젠가 하고 싶은 일'을 실감 나게 떠올리며

자신이 지금 무엇을 해야 하는지 생각해보자.

아무것도 하지 않을수록 시간은 줄어든다

누구에게나 '심리적 안전지대'가 존재하고, 그 안에 있으면 편안함을 느낀다고 했다.

예를 들어 최소한으로 해야 할 일을 하며 직장에 다니면 그럭저럭 월급을 받을 수 있다. 별로 내키지 않는 일이지만 수입원을 잃을 위험을 감수하면서까지 굳이 이직할 필요가 있나 싶다. 또는 딱히 몸이 불편하거나 아픈 데가 없는데, 굳이 운동을 해야 하나 싶을 수도 있다.

두 경우 모두 '심리적 안전지대'에서 쾌적하게 생활하고 있다. 그래서 굳이 새로운 일에 도전하다가 상처라도 입으면 어쩌나 싶은 마음에 계속 위험을 회피한다.

이러한 삶이 나쁘다고 할 수는 없다. 누구에게나 쾌적하게 살 권리가 있으니 말이다.

그러나 '심리적 안전지대'에서만 쾌적하게 생활하고, 새로운 도전을 하지 않으면 머지않아 '심리적 안전지대'가 점점 줄어든다는 사실을 명심해야 한다. 그런 생활을 계속하다 보면 결국 고통받는 사람은 다름 아닌 자신이다.

직장에서 일하고 있어도 언제 새로운 지식이나 기술이 필요할지 모른다. 자신의 자리를 위협하는 우수한 직원들이 들어오기 때문이다. 그러면 그 직장은 더 이상 '심리적 안전지대'라고 할 수 없다. 최악의 경우 구조조정 대상이 될 수도 있다.

몸에 불편한 부분이 전혀 없다는 핑계로 운동을 전혀 하지 않으면 서서히 근육이 약해지고 지방도 쌓인다. 그 결과 오히려 질병에 걸릴 가능성이 높아진다.

'심리적 안전지대'에서 살면 편안하다. 하지만 현재 상태를 유지하려면 '심리적 안전지대'를 넓혀야 한다. 더구나 성장하고자 한다면 새로운 도전을 해야 한다.

새로운 도전을 하지 않으면
'심리적 안전지대'가 좁아진다는 사실을 이해하고
매일 작은 것이라도 새로운 것을 시도하자.

019

매일 하고 싶은 일을 하는 사람

'이런 일은 (업무에) 필요 없다'고 말하며 업무에 필요한 일만 하는 사람들이 있다. 이들은 현재의 '심리적 안전지대'에서만 편안하게 지내려 하고 새로운 일을 하려고 하지 않는다. 업무뿐 아니라 일상에서도 가능한 편히 지내고 싶은 마음이 강해서 노력이 필요한 일을 스스로 하려고 하지 않는다. 그러다 보면 '심리적 안전지대'는 점점 축소되고, 결국에는 안전지대 자체를 잃을 수 있다.

성장하고 싶다면 현재의 '심리적 안전지대'를 넓히려는 노력이 필요하다. '현재의 심리적 안전지대'를 둘러싼 바깥쪽은 '성장지대 (growth zone)'이다. 여기에는 업무에 필요 없지만 성장에 도움되는 일이 포함된다.

당신이 좋아하는 일이라면 무엇이든 성장지대에 들어갈 수 있다. 외국어 배우기, 자격시험에 도전하기, 그림 그리기, 바둑 동호회 활동하기……. 요컨대 현재의 '심리적 안전지대'에 들어가지 않

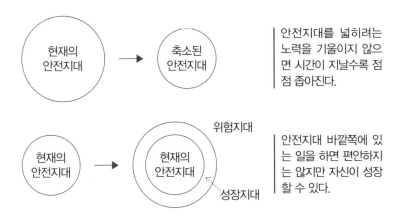

현재의 안전지대 → 축소된 안전지대

안전지대를 넓히려는 노력을 기울이지 않으면 시간이 지날수록 점점 좁아진다.

현재의 안전지대 → 현재의 안전지대 / 위험지대 / 성장지대

안전지대 바깥쪽에 있는 일을 하면 편안하지는 않지만 자신이 성장할 수 있다.

은 일, 현재 편안하다고 할 수 없는 일이면 된다. 뭔가 새로운 것에 도전하려면 긴장되고 노력도 필요하다.

나는 최근 10년 동안 외국어 공부를 빠뜨린 날이 없다. 돈벌이와 직결되지 않는데 왜 그렇게까지 하느냐고 생각하는 사람들도 있겠지만, 그야말로 나에게는 도전이다. 그 덕분에 나는 '하고 싶은 일이 없는' 날이 단 하루도 없다.

'심리적 안전지대'에만 머물면

오히려 안전지대가 점점 축소되어 사라진다.

항상 '심리적 안전지대'를 유지하려면

새로운 도전을 해야 한다.

020

꿈에 조금씩 가까워지는 시간

책을 내고 싶다, 강연가가 되고 싶다, 학교를 설립하고 싶다, 만화가가 되고 싶다……. 당신이 어떤 꿈을 품었든 실현 가능성은 0%가 아니다. 정말 '실현 가능성 0%'인 꿈은 애초에 품지 않기 때문이다.

그러나 꿈이 현실과 너무 동떨어져 있으면 실현하는 데 걸리는 과정에 압도되어 시작조차 하지 못할 수 있음을 유의해야 한다.

예를 들어 많은 사람들이 번역서와 저서를 많이 낸 나에게 이렇게 묻곤 한다. "책을 내고 싶은데 제 나이에 시작하기에는 너무 늦지 않을까요? 글을 써도 출판사를 찾기 힘들지 않을까요?"

그들은 책을 내기까지 여정이 너무 길게 느껴져서인지 시작조차 하지 못한다. 시작조차 할 수 없기에 '언젠가 하고 싶은' 일로 계속 머문다.

'언젠가 하고 싶은' 일은 있는데 시작하지 못하겠다면 우선 자신의 분수에 맞는 목표를 설정하자. 꿈 자체를 포기하라는 말이 아니다. 꿈을 실현하는 단계로서 자신이 실현할 수 있는 목표를 설정해보라는 뜻이다. '성장지대'에 들어가는 일은 자기 분수에 맞는 목표이며, 그 바깥쪽(위험지대)은 분수에 맞지 않는 일이다.

예를 들어 글을 잘 못 쓰는 사람이 책을 낼 생각에 주눅이 든다면, 우선 잡지 등의 독자 투고란에 글을 써서 보내보자. 긴 글을 쓸수 있게 되면 논문을 모집하는 단체에 지원해보자. 할 수 있는 일부터 시작해서 차근차근 실력을 쌓아나가다 보면 책을 낸다는 꿈에 조금씩 가까워진다.

자신의 최종 목표는 그대로 가져도 좋다. 하지만 주눅이 들어 시작조차 할 수 없다면 최종 목표까지 이르는 길에 도움이 될 만한, 자신의 수준에 맞는 작은 목표부터 도전해보자.

꿈이 너무 커서 좀처럼 시작할 엄두가 나지 않는다면
자신의 수준에 맞는 목표부터 도전해보자.

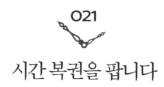

021

시간 복권을 팝니다

사람들이 길게 줄을 서 있는 복권방이 있다. 거기에서 1등 당첨이 몇 차례 나오면 사람들은 일확천금의 기회를 찾아 줄을 선다. 자기 차례가 오기까지 몇 시간이 걸릴지도 모를 만큼 긴 줄을 기꺼이 서서 기다린다. 복권 한 장으로 평생 먹고살 돈을 손쉽게 얻고 싶은 마음이다.

복권을 사는 일 자체는 부정하지 않는다. 다만 '언젠가 하고 싶은' 것을 실현하고자 하는 사람에게는 로또보다 더 좋은 '시간 복권'을 추천하고 싶다.

냉정하게 생각해보자. 복권에 당첨된다고 해도 '언젠가 강사가 되고 싶다', '언젠가 책을 내고 싶다', '언젠가 개인전을 열고 싶다'와 같은 당신이 '언젠가 하고 싶은' 일이 실현되는 것은 아니다. 어마어마한 돈을 손에 넣는다고 해도 돈을 써서 할 수 있는 일 외에는 자신의 기술이 향상되지 않는다.

'언젠가 하고 싶은' 일을 실현하고 싶다면 로또를 사기보다 '시간 복권'을 사자. 예를 들어 '언젠가 책을 내보고 싶다'고 하면, 복권방 앞에서 2시간 동안 긴 줄을 서 있을 시간에 글을 써본다. '2시간 동안 글을 써본들 무엇을 할 수 있겠는가' 하고 한탄할 수도 있다. 책을 낸 적이 없는 사람이 2시간 동안 글을 쓴다고 해서 책 출판으로 이어질 가능성은 확실히 낮다.

하지만 책을 쓰기 위해 소비한 시간은 자신의 성장으로 이어진다. 설령 책을 내지 못하더라도 문장력이 향상될 뿐 아니라 여러 면에서 도움될 것이다. 그렇게 생각하면 복권을 사느라 긴 줄을 서기보다 훨씬 더 자신에게 도움되는 시간 사용법이다.

'언젠가 하고 싶은' 일을 실현하는 데 시간을 써야 한다. 복권은 당첨되어도 돈밖에 들어오지 않지만 시간을 '언젠가 하고 싶은 일'에 쓰면 꿈을 이룰 수 있다. 설령 이루지 못하더라도 그만큼 자신이 성장한다. '시간 복권'만큼 좋은 로또가 없다.

길게 줄을 서서 복권을 살 시간과 돈을
'언젠가 하고 싶은' 일을 하는 데 소비하자.
복권에 당첨되는 것보다 꿈을 이룰 확률이 훨씬 더 높다.

022

무조건 성공하지 않아도 괜찮다

현시점에서 나는 133종류의 자격증을 취득했는데, 사실은 불합격한 것도 엄청나게 많아서 응시 횟수는 아마 500회를 넘을 것이다.

나에게 기대하는 수준이 낮기에 이만큼 도전할 수 있었다. 다시 말하면 '응시하면 무조건 합격해야 한다'는 과도한 요구 수준을 나에게 부과하지 않았다.

자격시험에 도전하려는 사람들을 관찰해보면 '아직 실력이 충분하지 않으니 실력을 더 키워서 치르겠다'며 미루는 경우가 정말 많다. 하지만 그들은 몇 년이 지나도 시험을 치르지 않는다.

언제까지나 자격시험에 응시하지 않는 사람은 '응시하면 무조건 합격해야 한다. 합격하지 않으면 의미 없다'고 믿는 듯하다.

'어떤 일이든 하기로 마음먹으면 주저하지 말고 하라'는 게 아니다. 가능성이 극히 낮은 일에 도전하여 실패만 반복하면 자존심에 상처를 입을 수 있으니 신중하게 생각하고 도전하는 것이 좋다. 특히 응시 횟수에 제한이 있는 시험이라면 더욱 그렇다.

하지만 어학이나 교양 관련 검정시험에 응시할 계획이고, 불합격하더라도 그 후의 인생에 지대한 악영향을 미치지 않는다면, '반드시 합격해야 한다'는 과도한 요구 수준을 내세우지 않아도 된다. '이번에 응시할까' 망설이는 사이에 시간이 흘러 신청 기한을 놓친다.

불합격하더라도 '공부했다는 그 자체만으로 이미 성공이다'라는 마음가짐으로 도전하면 실패하는 일이 없다. 자신에 대한 요구 수준을 적당히 낮추자. 그러면 망설이지 않을 뿐 아니라 도전하는 것이 즐거워진다.

도전 그 자체가 성공이다.

'무조건 성공해야 한다'는 지나친 요구를

자신에게 부과하지 않으면

오히려 적극적으로 도전할 수 있다.

023

'시간이 나면'이 아니라 '지금 바로'

최종 목표를 정하고 노력하고자 결심해도 실제로 행동에 옮길 수 있느냐 없느냐는 별개의 문제다. 행동으로 옮기기는 단순히 상상하는 것 이상으로 몇 배나 어려운 일이다. 말 그대로 '말하기는 쉬우나 행하기는 어렵다.'

실제로 '책을 쓰기로 했다'는 굳은 결의를 표명해놓고 늘 '바쁘다'를 연발하며 끝끝내 쓰지 않는 사람들을 수없이 봐왔다. 실제로 책을 출간한 나와 그들의 글쓰기 능력은 큰 차이가 없을 것이다. 어쩌면 잠재적인 글쓰기 능력이 나보다 높을 수도 있다. 단지 그들은 '언젠가 쓸 생각이다', '지금은 바쁘니까 나중에 시간 나면 쓰고 싶다'고 생각만 하다 몇 년이 지나가 버린다. 한편 그들이 '언젠가 쓸 생각이다'라며 계속 미루는 동안 나는 60권의 저서와 번역서를 출간했다.

그들과 나는 무엇이 다를까? 내가 '글을 쓴다'는 행동을 했다는 차이밖에 없다. 글을 조금 쓴다고 해도 대부분은 빛을 발하지 못한 채 묻힌다. 내가 쓴 글 대부분이 묻혀 있었다. 그에 굴하지 않고 글을 쓴다는 행동을 계속한 결과 어느 사이에 약 60권의 책을 썼다.

글쓰기에만 해당하는 일이 아니다. 무엇이 되었든 '언젠가 하려고 생각 중이다'라고 말만 해서는 아무런 진전이 없다. 목표를 발견하는 즉시 행동으로 옮기는 일이 중요하다. '시간이 나면'이 아니라 '지금 바로' 시작해야 한다.

'지금 해봤자……', '굳이 그렇게 애쓰지 않아도……' 이런 마음의 소리에 귀 기울여서는 안 된다. 바로 행동으로 옮기자.

'언젠가 시간이 나면 하려고 한다'고 생각만 해서는
영영 그런 날이 오지 않는다.
정말 하고자 한다면 지금 행동으로 옮겨야 한다.

편안하게 사는 것만으로 행복할까?

'언젠가 하고 싶은 일'을 발견하더라도 실현하기까지 길은 멀고 험난한 법이다. 그 험난한 길을 걸어가려면 자기 관리를 하며 열정을 계속 불태워야 한다. 왜냐하면 '언젠가 하고 싶은 일'을 하지 않아도 아무 불편함 없이 살아갈 수 있기 때문이다.

영국 작가 P. G. 해머튼은 《지적 인간관계(Human Intercourse)》에서 이렇게 말했다.

"일반적으로 인간이란 별다른 고민 없이 편안하게 살고 싶은 존재이다. 이런 마음을 가진 채 고도의 정신 활동을 하기란 거의 불가능하다. 대의를 위해 몸을 바치는 등의 일과는 전혀 양립되지 않는다는 뜻으로, 이런 안온한 삶을 추구하는 정신은 사람을 움직이는 원동력으로서 한 단계 낮은 것이라고 할 수 있다."

그의 말대로 세상 사람들은 대부분 편안하게 살고 싶을 뿐 피나는 노력 따위는 전혀 하고 싶어 하지 않는다. 설령 노력한다고 해도 돈을 위해서, 평판을 위해서, 욕망을 채우기 위해서일 뿐이다.

철학자 스튜어트 밀은 '범용한 세상 사람들'과 너무 많이 접촉하면 자신도 타락한다고 경종을 울렸다. 해머튼도 그 실례를 들어 "모든 면에서 범용한 세상의 색으로 물드는 것을 스스로 한 번 허용한다면, 그것이 아무리 희귀하고 예외적인 연구 분야라도 타락하고 만다"라고 말했다.

범용에 물들지 않고 열정을 계속 불태우려면 남에게 의지하지 않고 독자적으로 행동해야 한다. 자신이 믿는 가치관을 알아주는 사람이 좀처럼 나타나지 않더라도 자신이 가치 있다고 믿는 일을 위해 계속 노력하는 것이다.

돈이 안 될지도 모른다. 알아주는 사람이 나타나지 않을지도 모른다. 하지만 가치 있다는 믿음으로 계속하고자 하는 정신이 있어야 험난한 길을 걸어갈 수 있다.

'범용한 세상 사람들'과 너무 많이 접촉하면 타락할 수 있다.
남에게 의지하지 않고 자신이 가치 있다고 믿는 일을 계속하자.

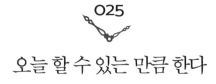

오늘 할 수 있는 만큼 한다

'언젠가 하고 싶은' 일을 시작해도 스스로에게 엄격하지 않으면 결국 좌절하게 된다. 가벼운 마음으로 이것저것 하는 것도 나쁘지 않지만, 벽에 부딪힌다고 해서 금방 좌절한다면 취미 영역을 벗어나지 못한다.

'하고 싶은 일'을 해서 두각을 나타내려면 무엇이 필요할까? 해당 분야의 전문가로서 강연 의뢰를 받는다, 집필 의뢰를 받는다, TV나 라디오 출연 의뢰를 받는다……, 이처럼 여간해서는 다른 사람이 흉내 낼 수 없는 특기를 가지려면 무엇이 필요할까?

그것은 바로 꾸준히 계속해서 실력을 키우는 일이다. 주위에서 인정할 수밖에 없을 정도로 실력을 갈고닦으면 가만히 있어도 일이 들어온다.

그럼 실력을 갈고닦기 위한 전략은 무엇일까? 자신에게 맞는 적절한 과제를 부과하는 것이 중요하다.

'나는 ○○를 실현하고 싶다. 그러기 위해 일주일에 최소한 3회는 △△를 과제로 부과한다. 반드시 해낸다. 해내지 못하면 잠자리에 들지 않는다.'

과제를 해내다 보면 전문가가 될 가능성이 점점 더 커진다. 신기하게도 한번 자신에게 과제를 부과하고 이것을 매일 일상적으로 하다 보면, 관성의 법칙이 작용하여 계속할 수 있다.

그러나 과제를 부과할 때 주의해야 할 점이 있다. 자신에게 맞는 과제여야 한다. 무리한 과제를 부과했다가 한번 계획이 무산되면 흐지부지하는 버릇이 생긴다. 그렇게 되지 않기 위해서라도 노력만 하면 계속할 수 있는 과제를 부과하자.

한번 과제를 부과했다면 무슨 일이 있어도 계속하자. 인간이기에 예외적으로 과제를 달성할 수 없을 때도 있다. 하지만 되도록 그런 예외를 만들지 않아야 한다.

과제를 완수하다 보면 어느새 실력이 늘었음을 알아챌 것이다. 머지않아 전문가가 될 날이 올 것을 믿고 꾸준히 해나가자.

자신에게 맞는 적절한 과제를 부과하자.

과제를 계속 완수하다 보면, 머지않아 전문가가 될 수 있다.

이러한 믿음을 가지고 매일 꾸준히 해나가자.

'꾸물대는 뇌'를 단숨에 바꾸는 법

앞에서 동경할 만한 직업으로 가수, 운동선수, 바둑기사, 화가, 만화가, 작가, 배우 등을 예로 들었다. 그들은 '좋아해서' 그 일을 하고 있으며, 그 일을 함으로써 세상에 도움이 되고 자신의 성장으로 이어진다.

이들은 심리학자 매슬로가 말하는 '건강한 사람'이다. 일을 즐기면서 일이 곧 놀이가 되었다. 일과 놀이가 같다는 점에서 일반인보다 훨씬 더 충만한 시간을 보내고 있다.

좋아하는 일을 하는 사람은 '일과 놀이가 동일'하기에 돈벌이는 안중에도 없다. 그런 점에서 일반인과 크게 다르다.

사실 나도 '돈벌이는 뒷전'인 일을 하고 있다. 20대 즈음부터 잡지 등에 투고하는 재미에 거듭하다 보니 어느 단체로부터 칼럼 연재 의뢰를 받았다. 태어나서 처음으로 내 이름을 걸고 칼럼을 게재할 기회가 생기자 나는 원고료가 없는데도 흔쾌히 승낙했다. 이후 여러 매체에서 원고료를 받고 칼럼을 연재하게 되었다. 나에게는 쓰는 일 자체가 즐거움이기에 원고료는 상대가 주는 대로 받는다.

글을 쓰는 시간이 가장 행복하고, '일하고 있다'기보다 '즐기고 있다'는 기분으로 했다. 실제로 글을 쓰다 보면 눈 깜짝할 사이에 시간이 지나간다.

'좋아하는 일'은 사람마다 다르다. 일러스트를 좋아하는 사람은 몇 시간이고 그림을 그리고, 피아노 연주를 좋아하는 사람은 시간 가는 줄 모르고 피아노를 친다. '좋아하는 일'에 몰두하다 보면 시간이 금방 지나간다. 너무 재미있어서 그렇다.

뇌과학자 구로카와 이호코는《'꾸물대는 뇌'를 단호히 고친다! 인생을 바꾸는 7일간 프로그램》에서 "뇌는 좋아서 어쩔 줄 모르는 것을 할 때 가장 활성화된다"고 말했다. 자신이 '좋아하는 일'로 돈을 벌어 생계를 꾸릴 수 있다면, 이보다 좋은 삶이 없을 것이다. 계속 노력한다면 누구나 그런 인생을 살 수 있다.

좋아서 어쩔 줄을 모르는 일을 내 직업으로 삼자.

일과 놀이가 같아지면 하루하루가 즐거워진다.

먹고살기 위해 돈을 버는 일에
시간을 쏟아붓다 보면
내가 정말 하고 싶은 일,
이루고 싶은 꿈에
도전할 시간이 없다.
생계를 위한 시간을 최대한 줄이고
원하는 일을 할 시간을 확보하자.
일상에 숨어 있는
'꿈의 시간'을 찾아라.

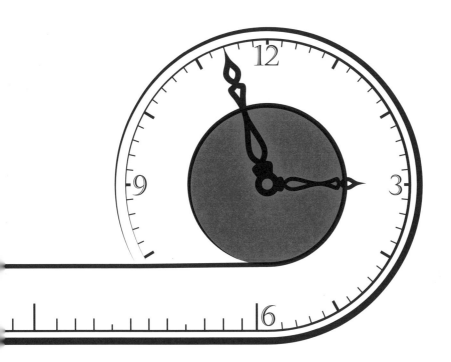

PART
03

三

시간 역행자

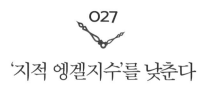

'지적 엥겔지수'를 낮춘다

엥겔지수란 가계의 총지출에서 식비가 차지하는 비율을 말한다. 이 비율이 높을수록 문화적으로 가난한 생활을 하고, 반대로 낮을수록 문화적으로 쾌적한 생활을 하는 경향이 있다.

도쿄대학 명예교수 다케우치 히토시는 엥겔지수를 응용해 '지적 엥겔지수'라는 지표를 주장했다. '지적 엥겔지수'란 '하기 싫지만 생계를 위해 어쩔 수 없이 해야 하는 일'을 하는 데 필요한 시간이 '하루 24시간에서 수면 시간을 뺀 시간'에서 차지하는 비율을 말한다.

예를 들어 하루 8시간 자는 사람이 가진 시간은 16시간이다. 그 사람이 생계를 유지하기 위한 일에 8시간을 소비한다면, 8시간을 16시간으로 나눈 값이 '지적 엥겔지수'다. 이 사람은 '지적 엥겔지수'가 50%인데, 여기서 식사와 씻기 등 생활하는 데 필요한 시간을 빼면 완전히 자유로운 시간이 거의 없을 것이다.

한편 '생계를 유지하기 위한 일'을 일절 하지 않아도 되는 사람은

'지적 엥겔지수'가 0이 된다. 생계에 얽매이지 않는다는 점에서 이보다 이상적일 수 없다. 엥겔지수와 마찬가지로 '지적 엥겔지수'가 낮을수록 문화적으로 쾌적한 생활을 한다는 의미다.

당신의 '지적 엥겔지수'는 몇 %인가?

지금 '지적 엥겔지수'가 높더라도 노력하면 서서히 낮출 수 있다. 예를 들어 무명 시절에 아르바이트로 생계를 유지하던 배우가 인기를 얻어서 연기만으로 먹고살 수 있게 되었다면 '지적 엥겔지수'가 0이 된다.

'지적 엥겔지수'가 낮을수록 자신이 하고 싶은 일을 할 시간이 늘어난다. '지적 엥겔지수'가 높은 사람은 조금씩 낮추는 노력을 하자. 그만큼 '언젠가 하고 싶은' 일을 할 가능성이 커진다.

'지적 엥겔지수'를 낮추는 노력을 하자.

낮을수록 자신이 하고 싶은 일을 할 시간이 늘어난다.

O28

돈보다 시간을 버는 일을 하라

가난하면 사리 판단도 흐려진다는 말이 있다. '지적 엥겔지수'가 높은 상태라면 어떻게 돈을 벌 것인가가 최대 관심사이다. 돈벌이로 직결되지 않지만 '언젠가 해보고 싶은 일'을 할 여유가 없다.

그럼 어떻게 해야 '지적 엥겔지수'를 낮출 수 있을까?

먼저 매일 절약한다. 돈을 많이 벌려면 그만큼 시간과 노력이 필요하지만, 매일 절약하는 것은 누구나 쉽게 오늘부터 할 수 있다. 하루에 10만 원을 벌기가 쉬운 일이 아니다. 그만큼 내 시간과 노동을 투입해야 한다. 반면 10만 원을 절약하기는 10만 원을 벌기보다 훨씬 쉽다.

매일 절약하고 나면 그다음으로 할 일은 투자다. 투자라고 하면 도박처럼 생각하는 사람들이 있다. 투자의 본질을 이해하면 도박과 다르다는 사실을 알 수 있다. 절대 욕심에 사로잡혀 투자해서는 안 된다. 절약하고 남은 돈을 현명하게 투자하면 그로부터 '열매'(분

배금, 배당금, 월세 등)를 얻을 수 있어 돈이 눈덩이처럼 불어나 쌓인다. 투자는 빨리할수록 열매를 많이 얻을 수 있다.

나는 서른두 살에 영국 유학을 마치고 귀국하여 한동안 생활비를 벌기 위해 어쩔 수 없이 아르바이트를 했다. 빚도 있어서 빨리 돈을 벌려고 육체노동을 했다. 하루 8시간 동안 심신이 지칠 정도로 일하고 번 돈은 5천 엔(약 5만 원)밖에 되지 않았다. 집에 가면 녹초가 되어 아무것도 할 엄두가 나지 않아 그야말로 '지적 엥겔지수' 100% 상태였다. 그러다 절약과 투자를 통해 '지적 엥겔지수'를 서서히 낮출 수 있었고, 몇 년이 지날 무렵에는 '언젠가 하고 싶은' 일을 차례차례 실현했다.

매일 절약하고 투자하여 '지적 엥겔지수'를 조금씩 낮추자. 핵심은 매일 절약하고, 그렇게 해서 마련한 여윳돈으로 계속 투자하는 것이다.

매일 절약하고 투자하여 '지적 엥겔지수'를 낮추고
내가 원하는 일을 할 시간을 만들자.

029

'꿈의 시간지수'를 늘린다

'지적 엥겔지수'를 낮추면 돈을 버는 데 얽매이지 않으므로 삶이 편안해진다. 그러나 모처럼 '지적 엥겔지수'가 낮아져 자유시간을 마음껏 누릴 수 있다 하더라도 자신의 의지로 '언젠가 하고 싶은' 일을 시작하지 않는 한 아무것도 이룰 수 없다.

예를 들어 '하기 싫지만 먹고살기 위해 꼭 해야 하는 일'이 아니라 '하지 않아도 먹고살 수는 있지만 그저 시간이 나서 하는 일'이라면 '지적 엥겔지수'는 0이다.

하지만 타성에 젖어 그런 생활을 계속한다면 '언젠가 하고 싶은' 일을 할 수 없으므로 아무리 시간이 흘러도 마음속 깊이 만족하지 않는다.

나는 '언젠가 하고 싶은' 일을 실현하기 위한 시간을 '꿈의 시간'이라고 부른다. '꿈의 시간'은 스스로 나서서 적극적으로 만들지 않는 한 저절로 생기지 않는다. 실제로 '지적 엥겔지수'가 0이어도 '꿈의 시간'이 0인 사람도 많다.

한 재무설계사에 따르면 죽을 때까지 다 못 쓸 정도로 막대한 자산을 가진 사람들이 오히려 투자 상담을 하러 오는 일이 많다고 한다. 지금 가진 돈만 해도 평생 먹고살고도 남는데 돈을 더 늘리려고 하는 것이다. 그들이 투자에 쓰는 시간은 '충실 시간'일지도 모른다. 하지만 '꿈의 시간'이 0이라면 아무리 돈을 많이 벌어도 어느 날 문득 '도대체 무엇을 위해 이렇게 돈을 버는 것일까?' 하는 자괴감이 들 수 있다. 아니면 사치품을 사거나 유흥비로 전부 탕진할 뿐이다.

'지적 엥겔지수'를 낮추면 그다음에는 '꿈의 시간지수'를 높이자. '꿈의 시간지수'란 자신의 자유시간 중 '꿈의 시간'이 차지하는 비율을 말한다. 예를 들어 5시간의 자유시간 중에 1시간을 '꿈의 시간'에 할애하면 '꿈의 시간지수'는 20%가 된다.

'꿈의 시간지수'가 어느 정도냐에 따라 '언젠가 하고 싶은' 일이 실현될 가능성과 시기가 정해진다. '언젠가 하고 싶은' 일을 실현하고 싶다면 '꿈의 시간지수'를 높이자.

'꿈의 시간지수'가 얼마나 되느냐에 따라
'언젠가 하고 싶은' 일이 실현될 가능성과 시기가 결정된다.
'지적 엥겔지수'를 낮춘 다음에는 '꿈의 시간지수'를 높이자.

030

그렇게 생각하면 그렇게 된다

'언젠가 하고 싶은' 일을 확실하게 실현하려면 어떻게 해야 할까? 한 가지 방법은 꿈꾸는 자신의 모습을 계속 상상하는 것이다. 그럴수록 꿈을 이루는 데 필요한 것들이 자연스럽게 떠오른다.

삭티 거웨인은 《간절히 그렇다고 생각하면 반드시 그렇게 된다》에서 이렇게 말했다.

"사람은 항상 생각하는 것, 진심으로 믿는 것, 뚜렷하게 상상하는 것을 끌어당긴다. (중략) 단순히 마음속에 아이디어와 사상을 계속 품는 것만으로 하나의 에너지가 되고, 그 에너지가 아이디어를 실현한다."

어느 날 나는 친구와 저녁을 먹기로 약속했다. 신주쿠에서 만나 시부야로 가서 저녁을 먹기로 했는데, 시간이 너무 일러서 세 정거장 떨어진 시부야까지 전철을 타지 않고 걸어가기로 했다. 우리는 잡담을 나누며 신주쿠에서 시부야까지 걸었다.

나는 한창 외국어 공부에 열중하던 터라 걷는 내내 외국어 학원을 눈여겨보았다. 이를테면 어느 길에 중국어 학원이 있었고, 저 길에는 이탈리아어 학원이 있었다 등을 기억했다. 그러자 외국어 학원을 전혀 의식하지 않았던 친구는 "전혀 몰랐어. 그런 학원이 있었나?"라고 되물었다.

반면 상당한 식도락가였던 친구는 "저 길에 샤부샤부 가게가 있었지"라며 내가 몰랐던 음식점을 또렷이 기억했다.

이처럼 눈에 들어오는 경치는 똑같아도 무엇을 생각하는지에 따라 잠재의식 속에 있는 것이 외적인 것을 끌어당긴다. 평소에 생각하고 있는 것들이 눈에 들어온다는 것이다.

당신에게 무언가 실현하고 싶은 일이 있다면 그것을 계속 상상하자. 그것을 이루기 위해 필요한 것들을 더 많이 끌어당길 것이다.

꿈꾸는 자신의 모습을 계속 상상하자.

계속 상상할수록 더 많은 것들을 끌어당긴다.

031

인생은 아침 1시간이 만든다

이런저런 일을 해야겠다고 생각을 하더라도 무심코 재미있어 보이는 일에 정신이 팔리거나, 본래 할 필요 없는 일에 손을 대거나, 어떤 유혹에 넘어가기 마련이다. 그럼 유혹에 굴하지 않고 생각하던 일을 하나씩 실행하려면 어떻게 해야 할까?

한 가지 방법은 이른 아침을 '꿈의 시간'으로 삼는 것이다. 일찍 잠자리에 들어서 아무도 일어나지 않은 이른 새벽, 예를 들어 3시나 4시에 일어나서 자신이 정말 해보고 싶은 일에 몰두해본다. 이른 새벽만큼 유혹이 적은 시간대는 없다.

아침에도 낮에도 저녁에도 밤에도 유혹이 존재한다. TV도 있고, 동영상도 있고, 인터넷도 있고, SNS도 있고, 가족도 깨어 있고, 지인과 친구들도 깨어 있다. 그뿐만 아니라 언제 전화가 올지, 언제 손님이 올지 모른다. 한 연구에 따르면 스마트폰 벨 소리가 울리기만 해도 집중력이 떨어진다고 한다.

아무도 일어나지 않은 이른 새벽은 어떨까? 전화도 오지 않고 스마트폰 문자 알림 소리도 울리지 않는다.

영어학자 와타나베 쇼이치도 《지적 생활의 발견》에서 이렇게 말했다. "중단될 우려가 없고, 거의 무한한 시간이 자기 앞에 펼쳐져 있다고 느낄 때, 아무것도 방해받지 않고 자유롭게 지식을 습득할 수 있다."

영국 소설가 아널드 베넷도 《하루 24시간 어떻게 살 것인가(How to Live on 24 Hours a Day)》에서 "일 이외에 무엇인가를 하는 데 아침 1시간은 저녁 2시간과 맞먹는다"고 말했다.

이른 아침 시간에는 그 무엇에도 현혹되지 않기에 하고 싶은 일에 집중할 수 있고, 2배의 효과를 볼 수 있다. 실제로 나는 이른 아침 시간을 활용하여 약 60권의 저서와 번역서를 썼고, 통신대학에 다니며 막대한 양의 과제를 해냈다. 시간이 부족하다고 느끼는 사람은 꼭 이른 아침 시간을 활용해보기 바란다.

'꿈의 시간'을 확보하는 방법은 일찍 잠자리에 들고

아무도 일어나지 않은 이른 아침에

정말 하고 싶은 일에 몰두하는 것이다.

032

틈틈이 모은 꿈의 시간

자투리 시간은 의외로 많이 생긴다. 하루에 2시간, 사람에 따라서는 3시간도 가능하다. 대표적인 자투리 시간은 출퇴근 전철 이동, 약속 시간을 기다리는 동안, 병원이나 은행에서 대기하는 시간 등이다.

자투리 시간을 활용하느냐 안 하느냐에는 큰 차이가 있다. 그 시간을 활용하지 않는 사람은 그저 시간을 흘려보내지만, 꿈을 실현하는 사람은 그 시간에 한 걸음 더 꿈에 다가간다.

그렇다면 남는 시간을 어떻게 활용하면 좋을까?

책을 가방에 넣고 다니면서 자투리 시간이 날 때마다 읽을 수 있다. 외국어를 배우는 사람이라면 잠들기 전에 틈틈이 듣기 연습을 하고, 약속한 사람을 기다리는 시간에 단어를 외워도 된다. 글을 쓰는 사람이라면 소재를 생각하면서 메모한다.

자투리 시간을 활용할 때 중요한 2가지가 있다.

첫째, 자투리 시간을 활용할 준비를 항상 미리 해둔다.

자투리 시간이 생겨서 무엇인가 하려고 해도 할 일을 준비해두지 않으면 아무것도 할 수 없다. 예를 들어 책을 가방에 넣어두지 않으면 책을 읽을 수 없고, 단어 카드를 준비해두지 않으면 단어를 암기할 수 없다.

둘째, 각각의 자투리 시간에 적합한 일을 해야 한다. 겨우 몇 분밖에 되지 않는 자투리 시간과 20분 넘는 자투리 시간에 할 수 있는 일이 다르다.

예를 들어 식사가 나오기까지 20분 걸리는 레스토랑이 있다고 하자. 이때는 20분 내로 할 수 있는 일을 미리 준비해둔다. 출퇴근에 1시간이 걸린다면, 그동안 잘할 수 있는 일을 찾아둔다. 신호 대기 시간 등 세세하게 쪼개진 짧은 시간에는 단어를 외우기 좋다(나는 이 시간을 활용해 단어 카드 약 1,300묶음을 외웠다).

그렇게까지 할 생각은 없다고 하는 사람들도 많을 것이다. 하지만 꿈을 실현하는 사람은 이처럼 꾸준히 노력한다. 지금부터 자투리 시간을 활용하자. 그 짧은 시간이 꿈을 한 걸음 당겨줄 것이다.

당장 오늘부터 자투리 시간을 활용하자.

먼저 자투리 시간이 생겼을 때 할 일을 준비해두자.

033

아무것도 하지 않아도 되는 시간?

　회사에 다니면서 절실하게 느꼈던 것이 있다. 사람들은 대부분 자신이 하지 않을 수 없는 상황이 되어서야 움직이기 시작한다는 것이다. 반대로 말하면 무슨 일이 있어도 해야 하는 상황이 생기지 않는 한 무언가를 개선하려고 솔선수범하는 사람이 거의 없다. 그들은 '아무것도 하지 않아도 문제없는 시간'에는 아무것도 하려 들지 않는다.

　하든 안 하든 자신의 공로로 인정되지 않는 시시한 허드렛일은 자신보다 입지가 약한 사람에게 떠넘겨버리면 편안히 지낼 수 있다. 하지 않아도 돈은 그대로 받는다면 하지 않는 편이 이득이라는 생각이 들기도 한다. 조금이라도 집에 빨리 가고 싶어서 다른 사람에게 자신의 타임카드를 찍어달라고 부탁하는 사람도 있다.

　그들의 공통점은 회사에서 시간이 나더라도 가치 있는 일을 할 생각이 없다는 것이다. 그들은 으레 '할 일이 없다'고 말한다.

그러나 무언가를 개선하려는 마음이 있으면 해야 할 일을 발견하기 마련이다. '할 일이 없다', '지금 이대로도 충분하다', '이렇게 해와도 지금까지 별문제 없었다'는 것은 그저 해야 할 일을 찾을 생각이 없다는 뜻이다.

예를 들어 내가 근무했던 회사에는 제대로 된 업무 매뉴얼이 존재하지 않았다. 역대 임직원들은 모두 말로 일을 전수했는데, 관찰해보니 그것이 문제의 원인이었다. 그래서 내가 스스로 나서서 매뉴얼을 작성하기 시작했는데, 놀라울 정도로 일이 즐거웠고 많은 동료와 후배들이 반겼다.

찾으려는 생각이 있으면 할 일을 찾게 되는 법이다. 매뉴얼을 작성하는 것 외에도 일상적인 업무를 개선하는 데 필요한 기술을 향상하는 등 할 일은 얼마든지 찾을 수 있다.

'아무것도 하지 않아도 문제없는 시간'에 차이가 벌어진다. 해야 할 일을 스스로 찾아서 하는 사람에게는 큰 보상이 주어질 것이다.

'아무것도 하지 않아도 문제없는 시간'에 가치 있는 일을 하자.
마음만 먹으면 얼마든지 가치 있는 일을 찾을 수 있다.

034

노력은 절대 배신하지 않는다

결과에 신경 쓸수록 기대한 결과가 나오지 않으면 초조해지기 마련이다. 예를 들어 자격시험에 연달아 세 번이나 떨어지면 '내 노력이 부족했다'는 생각보다 '나한테 재능이 없다'는 생각이 든다. 그러다 보면 '나는 아무리 노력해봤자 안 될 거야'라고 비관하기 쉽다.

하지만 기대한 결과가 나오지 않은 것 그 이상도 그 이하도 아니다. 제멋대로 부정적인 해석을 덧붙일 필요 없다.

동서고금의 철학자들이 주장한 것처럼 이 세상은 자연법칙에 따라 움직인다. 다시 말하면 '원인이 있으면 반드시 결과가 나오는 법'이다.

네덜란드 철학자 스피노자는 '노력'에도 이 법칙이 작용한다고 한다. 노력이라는 원인이 있으면, 그에 상응하는 결과도 반드시 나온다는 것이다. 노력이라는 원인이 있는데, 아무런 결과도 나오지 않는 경우는 없다.

다만 결과가 언제 나올지, 어떤 형태로 나올지 모른다. 엉뚱한 때에 엉뚱한 형태로 나올 수도 있다. 바라던 결과가 나온다고 단언할 수 없다. 경우에 따라서는 방향을 바꾸어야 할 수도 있다. 하지만 계속 노력하다 보면 반드시 결과가 나온다.

원하는 결과를 내고자 초조해할수록 그 결과를 얻지 못하면 자신을 비하하고 싶어진다. 원하는 결과를 얻지 못하더라도 자신에게 맞는 새로운 길이 열릴 수도 있다. 원하는 결과를 내는 데만 매달리기보다 노력하는 데 전념하자. 계속 노력한다면 어떤 형태가 되었든 반드시 결과가 나오게 마련이다. 그것이 자연의 순리다.

'기대한 결과가 나오지 않았다'는 말을
과대 해석하지 말고 있는 그대로 받아들여라.
원하는 결과를 얻는 것보다 훨씬 나은 길이 열릴 수도 있다.

035

성공을 위한 '잠복 기간'

대나무는 발육하기 시작해서 4년간 싹을 틔우지 않는다. 그러나 5년째가 되면 4년의 세월이 거짓말이었던 것처럼 싹을 틔우는가 하면 단번에 수 미터씩 자라기도 한다. '거침없이 쳐들어가는 기세'라는 뜻의 '파죽지세(破竹之勢)'라는 표현이 여기에서 나왔다. 땅밑에서 뿌리를 내리느라 싹을 틔우지 못한 4년은 말하자면 잠복 기간이다.

사람의 성공도 '파죽지세'와 같은 시기가 있다. 좀처럼 싹이 틔지 않던 사람이 일단 싹을 틔우면 '파죽지세'로 쑥쑥 결과를 낸다.

외국어 공부도 이와 비슷하다. 배우기 시작하고 처음 6년 동안은 문법이 자동화되어 있지 않아서 외국어로 쓰인 문장을 이해하는 데 부담을 느낀다. 그런데 6년 동안 제대로 뿌리를 내려놓으면 그 후에는 술술 읽어나간다. 그 6년은 이른바 '잠복 기간'이다.

성공을 서두르는 사람일수록 바로 결과를 내고 싶은 법이다. 그런데 제대로 뿌리도 내리지 않고 싹을 틔우면 어떻게 될까? 연예인들 중에는 어떤 계기로 엄청난 인기몰이를 하다가 금방 끝나는 사람이 있고, 오랜 세월 일선에서 활약하는 사람이 있다. 많은 인기를 얻는 것 자체가 어려운 일인 것을 생각하면 한때나마 인기를 얻는 것만도 성공이다. 하지만 오랜 세월 꾸준히 활약하는 사람들과 차이가 있다면, 싹이 틔지 않았을 때 얼마나 뿌리를 내렸는가 하는 점이다.

지금 무언가를 하고 있는데 전혀 싹이 틔지 않아 고민이라면, 크게 성장하기 위한 '잠복 기간'이라고 생각하자. 바꿔 생각하면 '잠복 기간' 동안 뿌리를 단단히 내려놓으면 싹이 텄을 때 그만큼 크게 성장할 수 있다. 좀처럼 싹이 틔지 않는다고 고민할 필요 없다. 묵묵히 꾸준히 해나가면 어느 날 기대한 것보다 더 크게 싹을 틔운다.

성공을 서두르지 말자.
조급해하지 말고 뿌리를 단단히 내리면,
싹을 틔웠을 때 쑥쑥 자랄 수 있다.

036

마감 증후군에서 벗어나는 법

나는 약 60권의 저서와 번역서를 쓰고, 7개 대학에서 학위를 취득하기까지 막대한 양의 과제를 해내면서 단 한 번도 마감일을 어긴 적이 없다. 일이든 학업이든 100% 마감을 지켜왔기에 웬만해서는 마감을 지킬 자신이 있다.

그래도 나 또한 사람이기에 '입원하는 등 부득이한 사정이 발생하지 않는 한'이라는 조건을 두고 '마감일을 지키겠다'고 약속한다. 어쨌든 지금까지 마감일을 지키지 못한 적은 단 한 번도 없다.

그래서인지 작가와 번역가들이 '발등에 불이 떨어져야 글이 써진다'거나 편집자가 '아무리 기다려도 원고를 보내지 않는 사람들이 많다'고 한탄하는 말을 들을 때마다 놀랍다.

여기서는 마감일을 지킬 수 있는 비책을 알려주고자 한다. 마감일을 100% 지키려면 우선 충분히 여유 있게 마감일을 설정하는 것이 철칙이다. 작업을 완료하기까지 시간이 어느 정도 걸릴지 냉정하게 판단한다. 예를 들어 총 100시간이 걸리겠다고 판단되면, 하루에 4시간씩 작업한다고 했을 때 25일이 필요하므로, 여유를 두고 기한을 30일로 정한다. 그러면 부득이한 사정이 생겨 5일간 작업하지 못하더라도 마감일을 지킬 수 있다.

반대로 이미 마감일이 정해진 과제를 하는 경우에는 어떻게 할까? 예를 들어 마감 기한이 30일 후로 정해졌다고 하자. 총 100시간이 걸린다고 판단되면, 여유롭게 25일에 끝내기 위해 하루에 4시간은 확보해야 한다.

마감일을 지키지 못하면 신뢰가 떨어질 수 있음을 각오하자. 질병이나 부상 등 어쩔 수 없는 사유가 있다 하더라도 이를 너그럽게 봐줄지는 상대방에게 달려 있다. 신뢰를 잃지 않으려면 마감일을 여유롭게 설정한다.

마감일을 지키지 못하면 신뢰가 떨어질 수 있다.

이를 명심하고 마감일을 여유롭게 설정하자.

037

'내일부터 하자'를 '지금 하자'로

100시간 걸리는 과제를 30일 내로 끝내야 한다고 했을 때 계획으로만 그치지 않으려면 어떻게 해야 할지 생각해보자.

부득이한 사정이 생겨 5일 동안 일을 할 수 없다면, 일할 수 있는 날은 25일밖에 안 된다. 그리고 25일에 끝내려면 하루 평균 4시간 동안 작업해야 한다. 꾀가 나서 '아직 마감일까지 시간이 있으니 내일부터 열심히 하자'는 마음이 들어서 하루를 건너뛴다면 어떻게 될까? 다음 날 8시간 동안 작업해서 메워야 한다. 다음 날과 그다음 날에 나눠서 메운다고 해도 이틀에 걸쳐 합계 12시간을 작업해야 한다. 이것도 쉬운 일은 아니다. 그러므로 계획으로만 그치지 않으려면, 조금씩 꾸준히 하루에 4시간씩 작업하는 것이 가장 좋다.

문제는 하루 4시간을 어떻게 확보하느냐이다. 중요한 일을 할 시간을 최우선으로 확보하자. 이때 유의해야 할 점은 '그 일을 최우선으로 한다'는 것이 아니라 '그 일을 할 시간을 최우선으로 확보한다'

는 것이다.

어떤 사람은 하루 24시간 중에 언제 하든 상관없다고 생각하겠지만 거기에 큰 함정이 있다. '할 마음이 들면 그때 하자'며 다른 일에 주의를 돌리면, 자신도 모르게 그 일에 시간을 빼앗긴다. 매력적인 광고가 눈에 들어와서 인터넷 쇼핑을 하거나 친구와 문자를 주고받을 수도 있다. 정신을 차리고 보니 어느새 시간이 훌쩍 흘러가 있다. 그 후에 4시간을 확보하려고 해도 그때는 이미 늦었다.

이런 사태가 발생하지 않도록 가장 먼저 시간을 확보해둔다. 예를 들어 오전 중에는 병원에 갈 예정이고 점심시간 지나서 시간이 빈다고 하면, 점심시간 이후 오후 시간을 확보하고 그때가 되면 바로 시작한다.

중요한 일을 그날그날 확실히 해내려면 그 일을 하기 위한 시간을 최우선으로 확보하자. 예정 시간을 적어서 눈에 잘 보이는 곳에 붙여두고 수시로 확인한다. 그러면 눈길을 사로잡는 다른 일에 시간을 빼앗기는 일도 자연히 줄어든다.

가장 중요한 일을 할 시간을 최우선으로 확보한다.

038

가장 중요한 일부터 하는 습관

중요한 일을 할 시간을 최우선으로 확보하면 좋은 점은 그렇게 함으로써 시간이 늘어난다는 것이다. 스티븐 코비의 《성공하는 사람들의 7가지 습관》에서는 다음과 같이 비유했다.

가장 중요한 일을 '돌', 하는 편이 좋은 일을 '자갈', 중요하지 않은 일을 '모래', 하지 않아도 되는 일을 '물'이라고 한다. 이들 돌, 자갈, 모래, 물을 빈 병에 담는다고 하자. 최대한 많이 넣으려면 어떤 순서로 넣어야 할까?

돌을 가장 먼저 넣었다고 하자. 그다음에 자갈을 넣으면 자갈은 돌과 돌 사이를 지나 병 아래로 떨어진다. 그다음에 모래를 넣으면 돌과 자갈 틈으로 떨어진다. 마지막으로 물을 넣으면 돌, 자갈, 모래 사이로 스며든다.

그러나 순서를 거꾸로 하면 어떨까? 첫 번째로 물, 그다음에 모래, 자갈 순서로 넣는다면 마지막에 돌이 들어갈 공간이 남아 있을까?

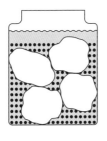
돌을 먼저 넣으면 전부 병에
들어간다.

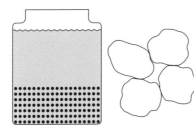
물을 먼저 넣어버리면 돌이
들어갈 공간이 없다.

　　많은 사람들이 이 비유를 '인생에는 자투리 시간이 많으니 그 시간을 활용하면 많은 것을 할 수 있다'는 정도로 해석한다. 그러나 여기서 중요한 것은 물, 모래, 자갈, 돌 순으로 넣으면 마지막에 돌을 넣을 공간이 없다는 점이다. 가치 없는 일을 먼저 해버리면 중요한 일을 할 시간을 확보할 수 없다.

중요도 순으로 일정을 잡자.

가치 없는 일을 먼저 하면 그만큼 중요한 일을 할 시간이 줄어든다.

039

10년 후에 이룰 일을 오늘 조금씩 한다

어떤 철학자가 "많은 사람들이 1년 걸려 할 수 있는 일은 과대평가하고, 10년 걸려 할 수 있는 일은 과소평가한다"고 말했다.

1년에 할 수 있는 일은 한계가 있다. 이것도 하고 저것도 하려는 생각은 좋지만, 욕심이 너무 과해서 계획만 세우다 끝나는 습관이 들어버리면 자신에 대한 신뢰가 흔들린다.

그런 사람이 '10년 걸려 할 수 있는 일'을 과소평가한다. 그보다는 '10년 걸려 할 수 있는 일'이라는 생각조차 하지 않는다는 것이 정확하다. '10년 걸려 할 수 있는 일'을 하려고 노력하거나 일정을 잡지 않을 것이다.

무언가를 10년 동안 열심히 하면 주위 사람들이 놀랄 만한 일을 할 수 있다. 나는 작가이자 번역가로 데뷔한 지 10여 년 만에 50권이 넘는 저서와 번역서를 냈고, 40대 시절의 10여 년 동안 5개 대학에서 학위를 취득했다. 장기적인 시야를 가지고 열심히 노력한 결과, 나 자신도 놀랄 만한 일을 해냈다. 매일 밀려오는 '해야 할 일', '쾌락을 얻을 수 있는 일'에 시간을 빼앗겼다면 실현할 수 없었을 것이다.

예를 들어 10년 후에 '이렇게 되고 싶다'는 꿈이 있다면, 이를 실현하기 위해 필요한 일들을 일정에 넣는다. 10년 후에 TV에 출연해서 강연가로 활약하고 싶다면 관련 분야를 찾는 데 힘쓸 것이고, 내 가게를 갖고 싶다면 필요한 기술을 갈고닦거나 동종 업계를 조사하는 일정을 잡을 것이다.

중·장기적인 시야가 있으면 꿈을 이루는 데 필요한 일을 일정에 넣을 수 있다. 하지만 단기적인 시야밖에 가지지 못하면, 아무래도 쉬운 일, 바로 쾌락을 얻을 수 있는 일, 당장 욕망을 채울 수 있는 일에 주의가 쏠리기 쉽다. 그러다 보면 눈 깜짝할 사이에 1년, 그리고 또 1년이 흘러간다.

'언젠가 하고 싶은' 일을 확실히 실현하려면 중·장기적인 시야를 가지고, 이를 실현하는 데 필요한 일을 우선 일정에 넣고 확실히 해내자.

중·장기적인 시야를 가지고
꿈을 실현하는 데 필요한 일을 일정에 넣자.

040

시간 관리는 아날로그가 효율적이다

단기·중기·장기 목표를 찾았을 때 균형을 잘 잡아 시간을 두루두루 활용하면서 각각의 목표를 실현할 수 있는 좋은 방법이 있을까?

경제학자이자 전 대장성(한국의 재정경제부에 해당) 관료였던 노구치 유키오는 《초정리법-시간편》에서 아날로그시계와 디지털시계의 차이점을 다음과 같이 설명한다.

가령 시험문제를 풀고 있다고 하자. 지금은 11시 17분이고, 시험 종료는 12시다. 당신은 손목시계를 보고 앞으로 시간이 얼마나 남았는지 확인한다. 이때 아날로그시계와 디지털시계 중 어느 쪽이 남은 시간을 파악하기 쉬울까? 디지털시계라면 지금이 11시 17분이라는 사실을 바로 알 수 있지만, 12시까지 앞으로 얼마나 남았는지를 가늠하는 데는 아날로그시계가 더 보기 편하고 빠르다. 아날로그시계는 보는 순간 직관적으로 이해할 수 있기 때문이다.

이러한 이유로 노구치는 '접이식 플래너'를 추천한다. 한 면이 주간 단위로 구성된 일반적인 플래너는 디지털시계와 마찬가지로 일주일 일정에만 의식이 집중되어 중·장기적인 일정을 파악하기 어렵다.

나도 접이식 플래너를 20년 정도 사용하고 있다. 내가 사용하는 플래너는 한 면이 1개월 단위로 되어 있고, 그에 대응하는 오른쪽 면에는 선만 그어져 있다. 하루의 세세한 일정은 오른쪽 면에 적을 수 있어서 좋다.

병풍처럼 접혀 있어서 펼치면 바로 몇 개월치 일정을 한눈에 확인할 수 있다. 예를 들어 지금이 4월이더라도 4월 말에 연재 칼럼 마감이 있다, 6월에 책 집필 마감이 있다, 7월에는 강연이 있다, 이런 일정을 한눈에 알 수 있어 중·장기 목표를 파악하기 쉽다. 물론 4월 하루하루의 단기 목표도 파악할 수 있다.

중·장기 목표를 세워도 계획으로만 그치기 쉬운 사람은
'접이식 플래너'를 써보자.
단기·중기·장기 목표를 한 번에 파악할 수 있다.

041

'꿈꾸는 일'을 하며 보내는 휴가

황금연휴, 연말연시 휴가 등 장기 휴가는 '꿈의 시간'으로 삼기에 더할 나위 없다.

지금 꿈꾸는 일을 하고 있다면 재충전하기 위해 여행을 가든 가족과 시간을 보내든 평소에 하지 못했던 일을 하며 휴가를 보낼 수 있다. 하지만 평소에 꿈꾸는 일을 하고 있지 않다면 장기 휴가만큼 꿈에 가까워질 기회는 없다. 휴가를 기회로 삼아 계획을 세우고 착실하게 꿈에 다가가자.

20대 초반 무렵 나에게는 영어 실력을 갈고닦는 일이 가장 중요했다. 그래서 황금연휴와 연말연시 휴가는 영어 실력을 향상하기 위한 절호의 기회라고 생각하고, 그 기간 동안 '하루에 한 권 영어 원서를 독파한다'는 과제를 부과했다. 예를 들어 9일 연휴라면 아홉 권, 10일 연휴라면 열 권의 원서를 독파한다.

이것을 실행하려면 미리 준비해두어야 한다. 예를 들어 원서를 열 권 독파하려면 연휴가 시작되기 훨씬 전부터 원서를 열 권 이상 준비해둔다. 연휴가 시작되고 나서 관심 있는 책을 열 권 이상 골라서 사려고 하면 계획이 무너질 수 있다.

주변 동료들은 황금연휴에 여행하거나 집에서 하릴없이 비디오에 빠져 지냈다고 한다. 하지만 나는 착실하게 '꿈의 시간'을 보냈다.

황금연휴가 끝나면 "미야자키 씨, 연휴 전하고는 표정이 다르네. 뭐 특별한 거라도 했어?"라는 질문을 받곤 했다. 그런 말을 들을 때마다 원서를 열 권이나 독파하면 다른 사람들도 눈치챌 정도로 표정이 달라진다는 사실을 깨달았다.

당신은 장기 휴가를 어떻게 보내는가? 이제부터 다른 사람들에게 '표정이 변했다'는 말을 들을 정도로 자신이 좋아하는 일에 열중해보는 것은 어떨까? 그렇게 몇 번 반복하다 보면 점점 꿈을 실현할 날이 가까워질 것이다.

장기 휴가만큼 꿈에 가까워질 기회는 없다.
장기 휴가가 시작되기 전에 단단히 준비해서
'꿈의 시간'으로 삼자.

042

시간과 시간 사이에 숨은 시간을 찾아라

언젠가는 창의적인 일을 하고 싶은 사람에게 내가 찾은 비책을 알려주고자 한다. 창의적인 직업에는 작가, 만화가, 일러스트레이터 등 여러 가지 있는데, 이들의 공통점은 데뷔하기까지 상당한 단련이 필요하다는 것이다. 운 좋게 데뷔해도 그 일만 하면서 생계를 유지하기까지 또 다른 가시밭길이 기다리고 있다.

돈을 벌지 않고도 살아갈 수 있는 사람이라면 원하는 만큼 시간을 들여 자신이 하고 싶은 일에 전념할 수 있다. 하지만 그런 사람은 극소수이고 대부분 생활비를 벌어야 한다. 생계를 위한 돈을 버는 시간 이외에 남는 시간에는 자신의 실력을 갈고닦아야 하는데, 그 시간만으로는 부족하다는 사람에게 추천하고 싶은 방법이 있다. 바로 '작업 대기 시간'이 있는 일을 하고, 그 시간을 자신의 실력을 갈고닦는 데 사용하는 것이다.

'작업 대기 시간'이란 '근로시간 내에 지시가 내려와 작업하기까지 대기하는 시간'을 말한다. 예를 들어 가게를 볼 때 손님이 없는 시간, 전화를 받거나 손님 응대를 하기 전에 휴식 시간, 화물이 도착하기까지 대기 시간 등이다. '작업 대기 시간'은 '휴식 시간'이 아니므로 시급이 발생한다. 이 시간에 자신이 원하는 일을 할 수 있다면, 아무리 적더라도 시급이 발생한다는 것 자체가 감사한 일이다.

나는 숙직 담당 등 '작업 대기 시간'이 있는 아르바이트를 예닐곱 개 정도 해봤다. 시급 자체가 그렇게 높지는 않아도 근무시간 중에 나의 본업인 책 쓰는 일이나 번역을 하면서 돈을 벌 수 있어서 안정적인 생활을 해나가는 데 도움이 되었다.

'항산(恒産)이 없이는 항심(恒心)도 없다'는 말은 일정한 생산이 없으면 항상 같은 마음을 유지할 수 없다는 뜻이다. 생활비에 쪼들려서는 계속 꿈을 좇을 수 없다. 반대로 항산이 있으면 안심하고 계속 꿈을 좇을 수 있다. 창의적인 직업을 갖고 싶은 사람은 '작업 대기 시간'이 있는 직업을 찾는 것도 하나의 방법이다.

창의적인 일도 하고 싶고 생활비도 벌어야 한다면
'작업 대기 시간'이 있는 일을 찾자.
대기 시간을 얼마든지 활용할 수 있다.

043

우리는 시간을 선택할 수 있다

미국의 의학 박사이자 정신과 의사 윌리엄 글래서는 선택 이론을 주장했다.

그에 따르면 우리는 비참한 감정을 포함하여 모든 행동을 스스로 선택한다. 예컨대 불행하다고 한탄하는 사람은 스스로 그 불행을 선택했고, 한가하다는 말을 입에 달고 사는 사람은 스스로 한가해지는 시간 사용법을 선택한 것이다. 그뿐만 아니라 간접적이지만 거의 모든 감정과 생리 반응도 스스로 선택하는 것이라고 한다.

우리는 누구나 '이런 사람과 함께 있고 싶다, 이런 물건을 소유하고 싶다, 이런 일을 경험하고 싶다, 이런 신조에 따라 행동하고 싶다'는 '자신의 이상'을 가지고 있으며, 얼마든지 이것을 선택할 수 있다. 단, 이를 위한 시간을 늘리고, 자신의 이상에서 벗어나는 시간은 줄여야 한다.

예를 들어 어떤 회사에 불평을 자주 하는 사람이 있다. 이 사람은 이런 불쾌한 말을 했다, 저 사람은 이렇게 심한 짓을 했다, 이런 사람들만 있는 회사가 싫다' 이런 불만을 늘어놓으며 그들 때문에 자신이 불행하다고 말한다.

그럼 이런 해결책을 시도해보면 어떻겠냐고 제안해도 곧바로 "아니, 됐어요, 참을게요" 하고 받아들이지 않는다. 해결할 방법을 얼마든지 생각할 수 있는데 시도조차 하지 않는다. 그렇게 회사가 싫으면 일을 그만두고 새 직장을 구하면 될 텐데 그것조차 하려고 하지 않는다.

꿈꾸던 회사에서 일하고 싶다면, 불만스러운 부분을 개선할 수 있는지 시험해보는 방법도 있다. 그것이 불가능하다면 이직을 고려해도 된다. 아무런 노력도 하지 않고 불평불만을 늘어놓으면 자신의 이상에 다가갈 수 없다.

자신의 이상에 가까워지고 싶다면 시간을 할애하고, 이상에서 벗어난 시간을 줄이도록 유의하자. 그 선택을 하는 것은 당신 자신이다.

자신의 이상에 가까워지는 일에 시간을 쓰고,

이상에서 멀어지는 일에는

시간을 할애하지 않도록 유의하자.

정말 중요한 일이라고
생각해왔는데 알고 보니
내 시간을 빼앗는 일들이 있다.
불필요한 논쟁, 무의미한 만남,
보상 없는 배려…
조금만 생각을 바꾸면
꿈을 이루는 데 쓸 시간이
2배로 늘어난다.

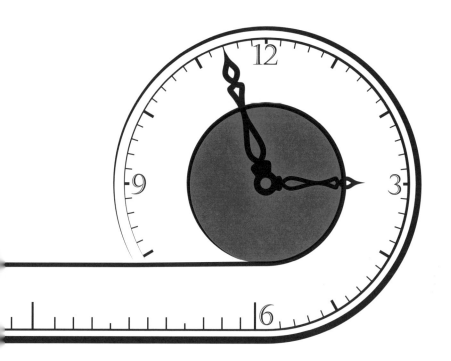

PART
04

≡

시간 수집가

044

조급할수록 시간에 쫓긴다

사람들은 원하는 결과를 내려고 애쓰며 조급하게 서두른다. '이렇게 하면 원하는 결과가 나오지 않을까' 하고 말이다. 기대한 결과를 얻으면 기뻐하고, 얻지 못하면 낙담한다. 이것은 기준이 자신의 외부에 있기 때문이다.

예를 들어 토플이나 토익 등 검정시험을 생각해보자. 진정한 교양을 갖추고자 공부하고, 단순히 실력이 늘었는지 보기 위해 시험을 치른다면 합격 여부는 별로 신경 쓰이지 않는 법이다. 진정한 교양을 갖추는 것이 궁극적인 목적이므로 열심히 공부는 하더라도 '합격 기준점은 몇 점일까'라든가 '합격률은 어느 정도일까' 하는 것에 그다지 관심이 없다.

자연스럽게 공부 방법에도 차이가 난다. 결과를 내는 데 집착하는 사람은 기출문제를 연구하거나 점수를 높이는 방법에 관심을 둔다. 반면 자신의 인격을 어떻게 높일지는 생각하지 않는다.

나는 엄청난 수의 검정시험을 치렀는데, 합격 여부는 물론 합격 기준점이나 합격률 등은 거의 신경 쓰지 않았다. 합격하면 기쁘지만 그렇다고 들뜨는 일은 없으며, 반대로 불합격해도 낙담하지 않는다. 이는 기준이 자신의 외부가 아닌 내부에 있기 때문이다.

자기 내부의 기준이란 최선을 다했는가 하는 점이다. 최선을 다했다고 자신 있게 말할 수 있다면, 결과가 어떻든 나로서는 백 점 만점이다. 따라서 합격 여부는 그다지 신경 쓰지 않는다.

최선을 다하는 것에 의식을 집중하자. 결과가 나왔다면 일희일비한들 어쩔 수 없는 일이다. 최선을 다했다면 그것으로 충분하다. 합격해서 들뜨거나 불합격해서 낙담할 시간에 다음 목표를 향해 나아가자. 그만큼 시간을 유용하게 쓸 수 있다.

최선을 다하는 데 전념하자.

우리가 할 수 있는 일은 최선을 다하는 것뿐이다.

합격에 들뜨거나 불합격에 낙담해도 결과는 바꿀 수 없으니

신경 쓰지 말고 다음 할 일을 생각하자.

O45

거절도 시간을 생산하는 방법이다

어려운 사람을 돕는 것은 훌륭한 일이다. 하지만 곤란에 처해서 당신에게 매달리는 사람들의 기대에 부응해야 할 의무는 없다. 꼭 당신밖에 할 수 없는 일이라면 도와줘도 좋다. 하지만 분명 다른 사람이 해도 되는 일도 많을 것이다.

당신만이 할 수 있는 일을 부탁하는 것이 아니라면, 다른 사람을 찾을 수도 있다. 그러니 당신의 꿈을 실현하는 데 도움이 되지 않는다면 단호하게 '아니오'라고 거절하자.

다른 사람이 어떤 일을 부탁하면 딱 잘라 거절하기 어려운 법이다. 상대방에게 미움을 사거나 상대방을 낙담하게 만들고 싶지 않기 때문이다. 덧붙이면 상대방이 기뻐하기를 바라는 마음도 있어서 도와주고 싶어진다.

그러나 무심코 상대방의 부탁을 들어주면 당신의 시간과 노력을 빼앗긴다. 당신의 꿈을 실현하는 데 도움이 되고, 당신이 진심으로 해보고 싶은 일에 한해서만 부탁을 들어준다.

거절하기 힘들다는 이유로 친절을 베풀다 보면 당신의 시간과 노력을 **빼앗길** 뿐만 아니라, 상대방은 당신을 심부름꾼이라고 여긴다. 당신이 그런 일을 계속 맡아도 상대방은 당신의 인간성을 존중하지 않고, 더 나아가 계속 의존할 수도 있다.

다만 무턱대고 거절할 것이 아니라 나를 대신할 수 있는 사람을 소개하거나, 내가 도와주지 않아도 해결할 방법을 제안하면 좋다.

당신에게는 당신의 꿈이 있다. 그 꿈을 실현하기 위한 시간과 노력은 귀중하다. 당신의 꿈을 실현하는 데 도움이 되지 않는 일은 단호하게 '아니오'라고 말하자.

자신의 꿈을 실현하는 데 도움되지 않는 부탁을 받았을 경우,

선뜻 내키지 않는다면 단호하게 '아니오'라고 거절하자.

단, 여유가 있다면 상대방의 문제를 해결할 방안도 생각해보자.

046

지나간 일로 시간을 허비하지 마라

'그때 이렇게 말했다면 어떻게 되었을까?'

'그때 이 일을 했다면 지금쯤 어떻게 되었을까?'

수긍할 수 없는 일이 생기면 왕왕 이렇게 생각하기 마련이다.

야구 중계에서는 '만약은 없지만'이라는 표현을 많이 사용하는데, 인생 전반에도 똑같이 대입할 수 있다. 인생에 '만약'은 없다.

'만약'만큼 어리석은 시간 사용법은 없다. 지나간 일은 바꿀 수 없을뿐더러 계속 후회하다 보면 자기혐오에 빠질 수 있다.

자신이 '만약'에서 벗어나지 못하고 있다면 이렇게 생각하자.

'그때는 그렇게 말이 튀어나왔지만, 다음부터는 이렇게 말하자.'

'그때는 그렇게 안 했는데, 다음부터는 이렇게 하자.'

우리가 바꿀 수 있는 것은 미래뿐이다. 그렇다면 지나간 일을 반성하고 밝은 미래로 이어가자.

지나간 일에 관해 주의할 점이 하나 더 있다. 어쩔 수 없는 지나간 일을 탓하는 사람에게서 벗어나야 한다. 예를 들어 불만이 있어도 꾹 참고 아무 말도 하지 않다가 어떤 계기로 분노가 폭발하는 사람이 있다. 그런 사람은 다음과 같이 과거의 일을 따지고 들 수도 있다.

"3년 전에 처음 봤을 때 설명했잖아요. 그런데도 당신은 그걸 계속 무시했어요. 저는 그게 계속 못마땅했고요."

불만을 느꼈을 때 바로 말했다면 개선할 수 있었을 것이다. 그런데 3년이나 계속 참다가 어떤 계기로 '과거의 일'을 탓해도 이제 와서 그 3년을 바꿀 수는 없다.

"이럴 때는 앞으로 이렇게 해주시겠어요?"라고 앞으로 해야 할 일을 이야기한다면 그에 응할 수 있다. 하지만 과거를 힐책하는 사람은 불가능한 일을 요구하는 것과 같다.

지나간 일을 바꾸려고 하는 것만큼 어리석은 일은 없다.

지나간 일을 활용하여 밝은 미래로 이어가고,

지나간 일을 따지는 사람을 멀리하자.

047

일주일에 7시간 이상 TV를 보지 마라

미국 작가 지그 지글러는 "사람들은 대부분 TV를 보는 시간의 70%는 특별히 보고 싶지 않은 프로그램을 본다"고 말했다.

당신은 어떤가? 방송 프로그램 편성표를 보고 '정말 보고 싶다'는 목적의식을 가지고 보는가? 아니면 일단 TV를 켜고 재미있을 만한 방송을 찾아서 보는가?

채널을 돌리다 우연히 재미있어 보이는 방송을 보고 있다면, 그 것은 '정말 보고 싶은 방송'이 아니라 '특별히 보고 싶지 않은 방송 을 보고 있다'는 말이다. 나중에 곰곰이 생각해보면 딱히 보고 싶지 않았는데 보다 보니 시간이 흘렀다'는 사실을 깨닫는다.

'(자신의 의지로) 보고 있다'기보다 '(TV 프로듀서가) 보여주고 있다'고 할 수 있다. 다른 사람의 의지에 조종당하는 일이 반복되다 보면 자기 의지가 약해진다. 무엇을 해도 자신의 의지로 '움직이는' 것이 아니라 타인의 의지로 '움직이는' 사람이 될 것이다.

모든 방송 프로그램을 부정할 생각은 없다. 좋은 방송도 있다고 생각한다. 다만 보고 싶은지 보고 싶지 않은지도 모르면서 하릴없이 보는 깃에는 경종을 울리고 싶다. 자신에게 기의 도움이 되지 않기 때문이다.

《성공하는 사람들의 7가지 습관》의 저자 스티븐 코비는 "TV는 좋은 하인이 될 수는 있어도 좋은 주인이 될 수는 없다"고 말했다. 그는 집에서 TV 시청 시간을 일주일에 최대 7시간으로 정하고, 자신의 목적과 가치관에 맞는 정보를 얻을 수 있는 방송, 혹은 재충전할 수 있는 방송만 골라서 봤다고 한다.

TV를 보고 싶으면 봐도 된다. 다만 TV는 '시간 도둑'이 될 수 있으니 스티븐 코비처럼 '일주일에 최대 ○시간까지'와 같이 제한 시간을 정하고, 미리 보고 싶은 방송을 골라서 보자.

TV는 보고 싶은 방송만 미리 골라서

제한 시간을 정해놓고 보자.

048

TV가 내 꿈을 삼킨다

무심코 TV 전원을 켜는 사람에게는 극단적인 치료법의 하나로 TV를 버리라고 제안한다. TV는 최대의 시간 도둑일 뿐만 아니라, 지식의 힘을 증진하는 데 거의 도움이 되지 않는다.

방송국은 시청률을 높이는 것이 목적이므로 누가 봐도 알기 쉬운 내용으로 프로그램을 만든다. 아이들도 쉽게 알 수 있는 방송은 아무리 많이 본들 지식을 충전할 수 없다.

"TV를 어떻게 버려요"라고 말하는 사람들이 있을 것이다. 하지만 마음먹으면 못 할 일이 없다. 사실 TV가 없어도 살 수 있다. TV를 버려도 의외로 문제될 일이 없고, 오히려 편안한 마음으로 하루하루를 보낼 수 있다는 데 감사할 것이다.

지금 생각해보자. 꿈이 속속 실현되는 흥미진진한 삶과 TV는 있지만 꿈이 실현되지 않는 삶 중에 당신은 어느 쪽을 선택하겠는가?

안타깝게도 2가지 삶을 모두 선택할 수 있는 사람은 한정되어 있다. 실제로 사람들은 대부분 TV에 시간과 노력을 많이 빼앗긴다.

일단 TV 전원을 켜는 순간부터 당신의 시간을 빼앗기기 시작한다. 보고 싶은 방송을 찾아서 채널을 돌리다 보면 시간은 그냥 흘러간다. 그러다 아무 생각 없이 하나의 방송을 보고 나면 다음 방송이 기다려진다. 그렇게 TV를 점점 더 버릴 수 없게 된다.

재미있는 점은 TV를 보지 않으면 흥미도 점점 떨어져서 나중에는 찾아보지 않게 된다는 것이다.

무심코 TV 전원을 켜는 사람은 시험 삼아 TV를 한번 버려보자. TV 없이는 도저히 살 수 없다면 그때 다시 사면 된다. TV 가격 따위는 꿈을 실현하는 가치에 비하면 대수롭지 않다. 하지만 그런 걱정할 필요 없다. 언젠가 TV를 버리기를 잘했다고 생각하는 날이 분명 올 테니 말이다.

무심코 TV 전원을 켜는 사람은
시험 삼아 TV를 한번 버려보자.

O49

인터넷이 우리를 바쁘게 만든다

TV와 마찬가지로 인터넷 자체는 나쁘지 않다. 실제로 인터넷을 통해 매우 훌륭한 정보를 얻을 수 있다. 다만 절제 없이 사용하면 TV와 마찬가지로 시간 도둑이 된다.

인터넷을 통해 이용할 수 있는 서비스는 TV 이상으로 시간 도둑이 될 수 있다. TV보다 훨씬 규제가 적고 훌륭한 정보들이 있지만, 자극적인 정보도 범람하기 때문이다. 게다가 유튜브 등에서 특정 단어로 검색하면 그와 관련된 동영상이 계속 나오는데 그 유혹은 쉽게 끊을 수 없을 만큼 강렬하다.

나는 작가로서 일에 지장을 주는 TV를 30대 초반에 버렸다. 한동안 생산성이 높아지고 조용한 나날을 보냈지만, 그 후 인터넷이 보급되자 점차 인터넷의 유혹에 빠지게 되었다. TV는 버리기만 하면 쉽게 이별할 수 있었지만, 이메일을 주고받는 일이 거의 필수인 요즘에는 인터넷을 차단할 수 없다.

인터넷의 유혹에 빠지지 않으려면 어떤 방법을 써야 할까?

나는 공부할 때 일부러 인터넷이 연결되지 않는 도서관이나 카페에 가곤 한다. 음료값도 무시할 수 없지만, 아무래도 집에서는 인터넷의 유혹에 넘어가기 쉬우므로 어쩔 수 없다. 인터넷의 유혹에 저항할 수 없다면 인터넷을 연결할 수 없는 곳에 가서 작업하는 것도 하나의 방법이다. 그런 시간 도둑한테서는 도망치는 것이 이기는 방법이다.

카페에서 음료값을 쓰기는 하지만 '돈을 이만큼 냈으니 본전 뽑아야겠다'는 생각에 공부나 일에 더 열중할 수 있다. 더불어 맛있는 음료를 마실 수 있다는 카페 본연의 장점도 있다.

무슨 일이든 생각하기 나름이다. 인터넷을 하면서 보내는 1시간과 공부나 일에 열중하며 보내는 1시간에는 음료값 이상의 가치가 있다.

인터넷은 TV 이상으로 시간 도둑이 될 수 있다.

인터넷의 유혹을 이기지 못하는 사람은

인터넷을 연결할 수 없는 곳에 가서 공부나 일에 열중하자.

050

2가지 일을 묶으면 시간이 절반으로 줄어든다

나는 수십 년째 TV 없이 생활하고 있기에 'TV를 한번 버려보라'는 말을 쉽게 할 수 있다. "우리 집에는 아이도 있고 다른 가족들하고 상의 없이 독단적으로 TV를 버릴 수 없어요. 말도 안 돼요"라고 말하는 사람도 있을 것이다. 하지만 걱정할 필요 없다. TV를 버릴 수 없다면 TV가 있어도 현명하게 지내는 방법을 생각해보자.

나도 TV는 없지만 일하는 데 필요한 인터넷을 이용하다 보면 웹상에 올라온 방송이나 동영상을 완전히 차단하기는 어렵다. 그러나 시간 도둑이 될 수 있는 것들을 현명하게 관리하면 문제없다.

어떻게 하면 시간 도둑을 잘 관리할 수 있을까? 내가 제안하는 방법은 '하면서 하는 사람'이 되는 것이다. 물론 보고 싶은 방송은 차분히 봐도 되지만, TV를 보면서 무언가 유익한 다른 일을 해보자.

TV나 인터넷 동영상뿐만 아니라 라디오 등에도 응용할 수 있다. 무언가 유익한 작업을 하면서 TV, 인터넷 동영상, 라디오 등을 시청하는 것이다. 예를 들어 TV를 보면서 서류에 주소와 이름을 적는다, 유튜브를 보면서 운동한다, 라디오를 들으면서 가계부를 쓴다…….

'하면서 하는 사람'이 됨으로써 많은 시간을 절약할 수 있다. 그리고 여러 가지 조합을 고안할 수 있을 것이다. TV를 보면서 실내 자전거를 타고 운동한다, 음악을 들으면서 영어 단어장을 만든다, 라디오를 들으면서 방 청소를 한다…….

2가지 이상의 일을 한꺼번에 할 때는 조합해도 잘 기능하는 일을 미리 준비해두는 것이 핵심이다. 예를 들어 TV를 보면서 세금 신고에 제출할 영수증을 정리하고자 한다면 TV를 켜기 전에 영수증을 준비해두는 것이다.

도저히 TV를 버릴 수 없다면

TV를 보면서 할 수 있는 다른 유익한 일을 찾아서

효율을 높이자.

051

불필요한 공부는 과감히 버려라

어떤 사람에게는 외국어의 매력이 강렬하게 다가온다. 그 매력에 한번 빠지면 다른 것이 보이지 않을 정도다. 예전의 내가 산증인이다.

외국어의 매력에 빠지는 일 자체가 나쁘지는 않다. 하지만 '어학에 눈먼 바보'가 되면 어학에 열중한 나머지 그 외에는 눈길을 돌리지 못한다. 다른 훌륭한 것이 수없이 많다는 것을 깨닫지 못하고, 어학보다 소중한 것을 희생할 수 있다.

어학을 배우는 가장 중요한 가치는 인생을 풍요롭게 하는 것이다. 시험에서 높은 점수를 받거나 합격하는 것은 단지 그만한 가치밖에 없지만, 원서를 읽고 교훈을 얻어서 자신의 삶에 활용할 수 있다.

그런데 '어학에 눈먼 바보'가 되면 '뛰어난 어학 실력을 갖추는 일 자체'가 가장 중요한 과제가 되고, 그 외 '더 중요한 일'에 눈길이 가지 않는다. 예를 들어 '시험에서 고득점을 받는 일'이 가장 중요한 과제가 되면 다른 사람(외국인을 포함한다)과 서로를 이해하거나 원서를 읽고 인생을 풍요롭게 하는 일 따위는 신경 쓰지 않는다. 시험의 출제 경향을 알아본다든가, 어떻게 공부하면 효율적으로 점수를 받을 수 있다든가 하는 일에만 관심을 보이고, 어떤 원서에서 무엇을 배울 수 있는지는 관심 없다.

영어를 의무교육으로 배우기 때문에 영어 하나만이라면 몰라도 다른 외국어도 문법부터 발음까지 완전히 익히려고 하면 그 외의 훌륭한 것들을 희생할 수 있다. 와타나베 쇼이치는 어른이 되어서 외국어를 마스터하고자 하는 것은 '지나친 시간 낭비'라고 말하며 번역서를 읽는 것으로 충분하다고 했다. 이 점은 나도 매우 동의하는 바이다.

업무상 사용하는 언어를 배우는 것 이외에 외국어는 교양을 쌓는 정도로만 해두고, 여력이 있다면 다른 교양을 쌓는 데 노력하는 편이 더욱 풍요로운 삶을 살 수 있다.

업무상 쓸 일이 없는 외국어는
지나치게 매몰되어 시간을 빼앗기지 말고
적당히 교양을 쌓는 정도로 해두자.

052

남을 위해 내 노력과 시간을 쓰지 마라

저서와 번역서를 많이 출간한 나는 이따금 강연 의뢰를 받기도 한다. 그런데 강연료를 전혀 언급하지 않고 의뢰하는 사람이 있다.

강연을 하려면 어떤 주제로 이야기할지 생각해야 하고, 강연 장소까지 가는 데 교통비도 들고, 먼 곳이라면 숙소도 마련해야 한다. 내가 자처해서 하고 싶은 강연이 아니라 상대가 의뢰한 경우라면 강연료가 무료일 수 없다.

친절을 베풀어 어떤 일을 한번 무상으로 해주면 한없이 부탁할 수 있다. 그래서 나는 그런 부탁은 처음부터 무시하기로 했다. 강연료를 요구하면 받을 수 있을지도 모르지만, 애초에 직접 요구해야 한다는 점에서 심리적 부담이 된다.

강연 의뢰 외에 독자에게도 다양한 요청을 받는다. 예를 들어 '미야자키 씨가 쓴 석사 논문을 읽어보고 싶으니 복사해서 보내주세요'라든가, '미야자키 씨의 런던대학 유학 체험기를 동영상으로 올려주세요' 등.

개중에는 나밖에 할 수 없는 일도 있다. 예를 들어 내가 쓴 석사 논문은 나만 보여줄 수 있고, 내가 런던대학에서 공부한 체험기도 나밖에 이야기할 사람이 없다. 하지만 석사 논문을 복사해서 우편으로 보내기는 번거로우며, 더구나 동영상을 촬영해서 올리려면 막대한 시간과 노력이 든다.

책을 낸 지 얼마 안 되었을 때는 팬레터를 보내준 것이 기뻐서 어떤 요청이든 들어주려고 했다. 하지만 아무리 노력과 시간을 들여 요청에 응해도 감사의 말 한마디는커녕 끝없는 늪에 빠지듯이 요청만 계속 이어질 뿐이었다.

무상으로 일을 부탁하는 사람은 원칙적으로 무시해도 된다. 무상으로 부탁한다는 것은 진심으로 해달라고 할 생각이 없다는 뜻이다.

다만 자신밖에 할 수 없는 일이고, 15분 이내에 끝나는 일이며, 또 진심으로 해주고 싶은 일이라면 예외적으로 해주어도 된다.

무상으로 일을 부탁하는 사람은 원칙적으로 무시하자.

무상으로 부탁하는 자체가

진심으로 요청하려는 생각이 없는 것이다.

053

'할 수 있는 만큼' 할 권리

철학자 헤겔은 자유에는 두 종류가 있다고 했다. 하나는 타인에게 구속되지 않는 자유다. 다시 말해 무엇을 하든 누구에게도 불평을 듣지 않을 자유이다. 이것은 세상을 버리고 산속에 들어가 살면 누구나 누릴 수 있는 '소극적 자유'이다.

헤겔은 '소극적 자유'만 얻어서는 진정한 의미의 자유라고 할 수 없다고 말했다. 진정한 의미로 자유로워지려면 '적극적 자유'가 필요하다.

그럼 '적극적 자유'란 무엇일까? 다른 사람을 피하지 않고 다른 사람과 관계를 맺으면서 자신의 목적을 달성하는 것이다. 다만 다른 사람과 관계를 맺으면서 자신의 목적을 달성하려면 어느 정도 '소극적 자유'를 포기해야 한다.

세상에는 다양한 가치관을 가진 사람들이 있다. 다른 사람들과 관련된 이상 모든 일을 자기 마음대로 하거나 무엇에도 구속되지 않을 수는 없다.

예를 들어 다른 사람과 시간 약속을 하면 지켜야 한다. 회사나 학교 등 조직에 속하면 그곳의 규칙과 문화를 따라야 한다. 설령 상사의 명령에 의문을 품는다고 해도 함부로 어길 수 없다. 이처럼 다른 사람과 관련되면 반드시 여러 가지 구속이 따를 수밖에 없다.

자아실현을 하는 사람은 이러한 구속에 무턱대고 반발하지 않는다. 의문을 품는 한이 있더라도 중요한 원칙에 어긋나지 않는다면 반발을 삼가고 잠자코 따른다. 말하자면 '힘 앞에서는 일단 따르고', 자신이 할 수 있는 범위 내에서 최선을 다한다. 이것이 '적극적 자유'이다.

중요한 원칙에 반하는 일(예를 들어 불법행위 등)이 아니라면 조직에 속한 이상 기본적으로 힘 앞에서는 일단 잠자코 따르자. 그러면서 자신이 할 수 있는 범위 내에서 최선을 다하는 데 전념하면 된다. 자기 생각과 맞지 않는다고 일일이 반발하며 자신의 고집을 끝까지 꺾지 않을 때보다 훨씬 큰 '적극적 자유'를 얻을 수 있다.

조직에 속한 이상 어느 정도 '소극적 자유'는 포기하자.
그러면서 자신이 할 수 있는 범위 내에서 최선을 다하는 것이
'적극적 자유'를 누리는 방법이다.

054
내 시간이 온통 '너'일 수 없다

성경 〈누가복음〉 6장 35절에는 '적'에 관해 다음과 같이 쓰여 있다.

"너희는 원수를 사랑하라. 그에게 잘해주고 아무것도 바라지 말고 꿔주어라. 그러면 너희가 받을 상이 클 것이다. 그리고 너희는 지극히 높으신 분의 자녀가 될 것이다. 그분께서는 은혜를 모르는 자들과 악한 자들에게도 인자하시기 때문이다."

하지만 적을 사랑하기는 좀처럼 힘든 일이다. 데일 카네기도 "우리는 성자와 달리 우리의 적을 사랑하기 어렵다. 하지만 자신의 건강과 행복을 위해서라면 하다못해 적을 용서하고 잊어버리자"라고 말했다.

적을 사랑할 수 있다면 사랑하자. 그러는 편이 가장 좋다. 하지만 그럴 수 없다면 잊어버리자. '적'을 떠올리며 귀중한 시간을 비생산적인 일에 쓸 바에야 '그건 악몽이었다'고 생각하고 잊어버리자.

하지만 적을 잊기란 쉬운 일이 아니다. 누군가에게 기분 나쁜 일을 당하고 도저히 잊을 수 없는 경우, 당신은 어떻게 하는가? 상대 방을 괴롭히는가? 푸념을 들어줄 사람을 찾아서 털어놓는가? 상담 사를 찾아가는가? 감정을 억제하고 공부에 몰두하는가? 기분 전환 을 하는 방법은 여러 가지 있겠지만, 크게 자멸하는 방법과 자신이 성장하는 방법으로 나눌 수 있다.

가장 현명한 방법은 기분 나쁜 경험을 예술로 승화하는 것이다. 예술이라고 해서 어렵게 생각할 필요 없다. 무엇이든 좋다. 에세이 쓰기, 시 짓기, 노래 부르기, 이야기 만들기, 그림 그리기……. 아 니면 신문이나 잡지에 투고해도 좋다. 자기 혼자만의 문제가 아니 라 같은 고통을 겪고 있는 사람에게 무언가를 전하고 싶다면, 논술 을 집필하여 투고해보는 것도 좋다.

억울함, 괴로움, 슬픔……, 이런 부정적인 감정이 강할수록 좋은 소재가 된다. 도저히 잊을 수 없는 적이 나타나면 이를 작품으로 승화하자. 그렇게 할 수 있다면 당신의 적에 대한 부정적인 감정이 사라질 것이다.

도저히 잊을 수 없는 적은 그 사람을 소재로
시든 그림이든 노래든 작품으로 만들어보자.
그러는 동안 부정적인 마음이 해소될 것이다.

055

논쟁을 피하는 것도 시간 관리다

데일 카네기는 세계적인 명저 《인간관계론(How to Win Friends & Influence People)》에서 논쟁에 관해 다음과 같이 기술했다.

"논쟁에서 이기기란 불가능하다. 상대에게 졌다면 말할 것도 없고, 설사 당신이 이겼다고 해도 역시 진 셈이다. 가령 상대에게 철저한 패배를 안겨주었다고 하면, 어떤 결과가 기다리고 있을까? 이긴 쪽은 기분이 아주 좋겠지만, 당한 쪽은 열등감을 느끼고 자존심이 상하여 분개할 것이다."

논쟁에서 이기면 나의 우수함을 증명할 수 있다는 생각에 종종 나의 주장을 고수했다. 사실 나보다 재직 연수가 긴 사람을 말로 이긴 적도 있다. 상대방은 수긍하지 못했지만, 억지로 나의 주장을 인정하게 했다. 그때 속으로 '이겼다'고 생각했는데, 지금 돌이켜보면 참으로 미숙했다.

자신의 주장은 물론 상대방의 주장에도 일리가 있고, 어느 한쪽이 절대적으로 옳다고 할 수 없다. 지금의 나라면 재직 연수가 짧은 내가 져주었어야 한다고 생각하지만, 당시의 나는 논쟁에서 이길 목적으로 고집을 부렸다. 그 결과 논쟁에서는 이겼지만, 상대방의 기분을 상하게 하고 말았다.

지금은 철학 공부를 시작하고 이 세상에 '절대적으로 옳은' 것은 존재하지 않는다는 사실을 깨달았다. 그렇게 깨달음을 얻고 나서 자기주장을 무작정 관철하는 것을 자제했다. 특히 이기는 데 큰 의미가 없을 때는 져주기로 했다.

자신의 주장을 당당하게 발언하되 무작정 밀고 나가지만 않으면, 논쟁이 논쟁을 불러일으켜 쓸데없이 시간을 보내는 일이 없다. 그뿐만 아니라 오히려 상대방이 나의 주장에도 일리가 있음을 이해해주고 호감을 표하기도 한다.

논쟁은 피하는 것이 현명하다. 설령 이기더라도 '지는' 셈이기 때문이다. 논쟁할수록 그만큼 시간 낭비를 하게 된다.

지나친 논쟁은 시간 낭비, 감정 낭비로 끝나게 마련이다.

논쟁은 피하자.

논쟁에서 이기든 지든 모두 '지는' 것이다.

056

상대를 배려하면 내 시간이 줄어든다

신년회, 송년회, 환영회, 송별회, 파티, 회식……, 외딴섬에 혼자 사는 사람이 아닌 한 사회생활을 하거나 인간관계를 맺으면 좋든 싫든 모임에 나갈 일이 생긴다.

이런 자리에 참석해야 한다는 일종의 '의리'는 '언젠가 하고 싶은' 일을 방해하는 요소 중 하나다. 원칙적으로 전원이 참석해야 하는 회사 모임은 어쩔 수 없다. 하지만 자유롭게 선택할 수 있는 모임까지 전부 참석하다 보면 '의리'에 얽매여 자기 시간을 낼 수 없다.

사실은 별로 나가고 싶지 않은 모임인데 주최자를 배려해 참석하지만 좋은 것만은 아니다.

첫째, 자기 시간이 줄어든다. 시간을 허비해도 큰 문제없을 수도 있지만, 진지하게 꿈을 실현하고 싶다면 주의해야 한다.

둘째, 한번 의리로 참석하면 주최자는 '이 사람은 내가 부르면 흔쾌히 나온다'고 착각해 다음번 모임에도 당신을 부른다. 몇 번 그런 일이 반복되면 주최자는 당신을 언제 불러도 당연히 참석하는 사람으로 여긴다. 당신이 그 모임에 빠지고 다른 사람이 주최하는 모임에 나가면 "도대체 내가 주최하는 모임에는 안 나오면서 다른 사람이 주최하는 모임에 나가는 건 너무하지 않아요?"라며 오히려 당신을 책망할 수 있다. 의리에 얽매이지 말고 별로 나가고 싶지 않은 모임은 처음부터 적당히 거절하자.

핵심은 적당히 거절한다는 점이다. 주최자의 체면을 깎거나 기분이 상하지 않도록 조심하자. 초대해준 것에 대해 감사한 마음을 전하고, 주최자가 '이 사람은 우리 모임을 소중하게 여기지만, 다른 일에 전념하고 싶은 모양이야'라고 생각하게끔 만드는 것이 요령이다.

너무 무리해서 의리를 지키지 않아도 된다. 마음이 가는 만큼 사람들과 어울리면 된다. 그것이 자신은 물론 상대방에게도 바람직하다.

모임에 대해서는 적당히 의리 없이 굴자.
의리로 무언가를 해준다고 해서 좋은 것만은 아니다.
꿈을 실현하는 데 써야 할 시간만 낭비할 뿐이다.

늘 시간에 쫓기는 사람들은
막연하게 시간 계산을 한다.
마감 기한을 맞추기가
빠듯한 것은 나의 능력이
부족한 것이 아니라
시간 계산을 잘못한 것이다.
충분히 여유를 두고 하면
시간에 쫓기지 않고
완성도가 훨씬 높다.

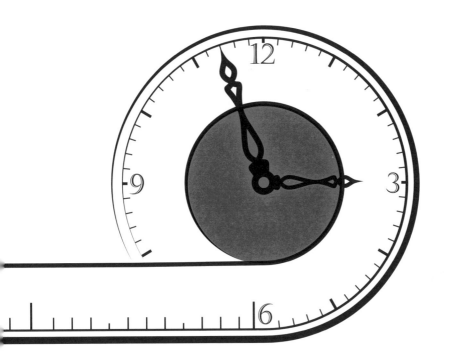

PART
05
≡
소소한 시간의 역습

마감을 무조건 지키는 법

"첫 교정지는 O월 O일에 보내드리겠습니다." 편집자가 예정일을 알려줬는데, 그날이 되어 아무리 기다려도 보내지 않는 경우가 종종 있다.

신기하게도 기한을 잘 지키는 편집자는 매번 잘 지키는데, 그렇지 않은 편집자는 매번 '그럴싸한 변명'을 늘어놓으며 지키지 않는다.

나는 60권에 이르는 저서와 번역서를 내면서 기한을 지키지 않은 적이 단 한 번도 없다. 여기서 기한을 반드시 지킬 수 있는 2가지 비법을 소개한다.

첫 번째, 어쩔 수 없는 일이 생길 것을 감안해서 '불가항력 포함 기한'을 설정한다. 예를 들어 분발하면 10월 말까지 끝낼 수 있는 일도 기한을 '10월 말 즈음에서 11월 말 즈음'이라고 말해둔다. 그러면 어쩔 수 없는 일이 생겨 11월 말로 작업이 늦어져도 기한을 지킬 수 있다.

우리는 빨리해주기를 바라는 상대방의 마음을 친절하게 헤아려서 무심코 불가항력적인 상황을 고려하지 않고 아슬아슬하게 기한을 정한다. 그러다 어쩔 수 없는 일이 생기면 기한을 어길 수밖에 없다. 상대를 배려하는 마음을 봉인하고 처음부터 '불가항력 포함 기한'으로 정하는 편이 낫다.

두 번째, 기한을 지키지 못했을 때의 페널티를 스스로 정해두고, 이를 상대방에게 알린다. 기한을 지키지 않는 작가가 많은 모양인지 기한을 지켜줄 수 있는지 무척이나 걱정하는 편집자들이 있다. 그들은 "마감이 미루어지지는 않겠죠?"라고 몇 번이나 확인한다. 나는 그들에게 "기한을 지키지 못하면 그날로 인세를 1% 낮추고, 그 후로 1개월 늦어질 때마다 1%씩 더 낮춰도 됩니다"라고 스스로 페널티를 부과한다.

기한을 지키지 않으면 페널티가 부과된다고 생각하면 그만큼 진지해질 수 있다. 기한을 넘겨서 손해 보는 것은 자기 자신이다. 핵심은 그 페널티를 스스로 부과한다는 점이다.

2가지 방법을 활용하면 기한을 지키지 못하는 일이 없을 것이다.

마감일은 '불가항력 포함 기한'으로 설정하고,
상대방이 기한을 지키지 않을까 봐 걱정할 때는 스스로 페널티를 정해준다.

058

시간은 막연하게 암산하지 마라

'이 정도 시간이면 할 수 있겠다'고 생각했는데, 예상보다 시간이 오래 걸린 적은 없는가? 이런 습관을 고치지 않으면 본인도 난처한 상황에 빠질 뿐만 아니라 주변 사람들에게도 악영향을 미친다.

이런 습관은 작업당 소요 시간을 잘 헤아려보면 고칠 수 있다. 어느 기업에서 일할 때의 일이다. 외국인 1명을 채용하기 위해 신문에 모집 광고를 냈는데 금세 100명이 넘는 외국인들이 이력서를 보내왔다.

지원한 모든 사람들을 면접할 수는 없기에 서류 심사를 통해 면접 후보자를 5명 뽑기로 했다. 하지만 외국어로 작성된 이력서를 읽는 데는 많은 시간이 걸린다. 그러자 사장은 나와 동료 1명에게 이력서들을 보고 '이름, 나이, 국적, 최종 학력, 경력, 특기 사항'을 추려 목록을 만들라고 지시했다. 사장은 우리 두 사람에게 그 작업을 끝내는 데 얼마나 걸리겠느냐고 물었다. 동료는 이력서 더미를 보면서 대답했다. "하루 정도면 할 수 있습니다."

여기서 잠시 생각해보자. ① 이력서가 들어 있는 봉투를 열고, ② 봉투에서 이력서를 꺼내고, ③ 필요 사항을 추리고, ④ 엑셀에 입력하는 일련의 작업을 한다면, 이것만으로도 지원자 1명당 5분 정도 소요된다. 거기에 특기 사항은 이력서 내용을 전부 읽어야 추려낼 수 있으므로 시간이 더 많이 걸린다. 게다가 도중에 전화가 오거나 손님이 오면 작업할 시간을 빼앗긴다.

다른 잡다한 일을 전혀 하지 않고 오직 이 일만 한다고 해도 지원자 1명당 15분(1시간에 4명)이 걸린다. 업무 전화를 받거나 손님을 응대하면서 그 작업을 한다면 하루 8시간이라고 해도 20명이 고작이다. 게다가 이력서가 계속 들어오고 있다.

"일주일이면 될 것 같습니다." 나는 이처럼 여유 있게 대답했고, 실제로 두 사람이 함께 작업해서 5일 걸렸다.

더 정확한 시간을 산출하려면 그저 막연히 '대략 이 정도'라고 예상하기보다 작업당 소요 시간을 헤아려보자. 그러면 예상했던 것보다 시간이 더 오래 걸리는 일도 적을 것이다.

일하는 데 걸리는 시간을 정확히 파악하려면
작업당 소요 시간을 잘 헤아려보자.

059

일정 짜기에 가장 좋은 시간

꿈을 실현할 때 예정대로 진행하는 것도 중요하지만, 너무 일찍 계획을 세우면 나중에 더 중요한 일이 생겼을 때 처음에 세웠던 일정을 변경할 수밖에 없다. 그래서 너무 이른 시점에 계획을 세우는 것이 바람직하지 않은 경우도 많다.

'자신의 일정'만 변경해야 한다면 아무 문제 없다. 얼마든지 변경해도 다른 사람에게 피해 주지 않기 때문이다. 자기 혼자 하는 일이라면 '한 달 후에 어떤 일을 하겠다, 석 달 후에 어떤 일을 하겠다, 반년 후에 어떤 일을 하겠다'와 같이 잇달아 계획을 세워도 상관없다.

그러나 다른 사람이 관여된 일을 할 때는 주의해야 한다. 자신의 사정으로 일정을 변경하면 다른 사람에게도 피해를 줄 수 있기 때문이다.

예를 들어 반년 후에 열리는 이벤트를 준비하는 데 한 달이 걸린다고 하자. 5개월이 지났을 무렵부터 준비를 시작해도 늦지 않다.

그런데 성급한 사람들은 일찍 준비할수록 좋다고 생각해서 반년 전부터 준비에 들어간다. 그러나 반년 전부터 준비하더라도 상황이 바뀌면 그에 따라 조정해야 할 일이 생기고, 최악의 경우에는 준비한 모든 것이 수포로 돌아간다. 그러면 일찍부터 그에 관여한 사람들의 노력도 헛수고가 된다.

'내년 일을 하면 귀신이 웃는다'는 속담이 있다. 미래의 일은 예측할 수 없어서 이러니저러니 말해봤자 소용없다는 뜻이다. 1년 후에 어떤 일이 일어날지를 예상하기는 어렵다. 2020년에 시작된 코로나 팬데믹이 대표적인 예이다.

다른 사람도 관여하는 일은 일정을 너무 일찍 잡기보다 가장 적절할 때 잡는 것이 좋다. 계획을 빨리 세운다고 좋은 것만은 아니다. 일찍 일정을 잡고 싶은 욕망을 꾹 누르고 가장 적절한 때가 오기를 기다리자. 그것도 하나의 시간 관리 능력이다.

계획을 너무 일찍 세우면
오히려 일정이 틀어질 가능성이 더 크다.
계획을 세우는 데도 가장 적합한 시기가 있다.

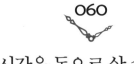

060

시간을 돈으로 살 수 있다

'시간은 금이다(Time is money)'라는 말은 여러 가지 의미로 해석할 수 있다. 돈을 씀으로써 시간을 절약할 수 있다는 의미로 해석한다면 '시간을 돈으로 사는' 것도 가능하다.

시간을 돈으로 사는 대표적인 예가 외국어 학원에서 받는 일대일 수업이다. 나는 '일대일'뿐 아니라 '1 대 3(선생님 1명에 학생 3명)', '1 대 다수(선생님 1명에 학생 여러 명)' 수업을 수강한 적도 있다. 수업료는 당연히 '일대일 수업'이 가장 비싸고, '1 대 3'은 3분의 1 수준으로 떨어지며, '1 대 다수'는 상당히 저렴하다.

일대일 수업은 말 그대로 '시간을 돈으로 사는' 것이다. 말할 기회도 많을 뿐만 아니라, 잘못된 발음도 그 자리에서 몇 번이든 고쳐주고, 질문도 편하게 할 수 있다.

한편 '1 대 3' 수업은 말할 기회가 3분의 1이 되는 것이 아니라 그 이하로 줄어든다. 선생님 혼자 말하는 시간이 더 많아지기 때문이다. 학생 한명 한명이 말할 기회가 4분의 1이나 5분의 1이 되기도 한다. 그뿐만이 아니다. 선생님은 학생이 잘못된 발음을 해도 사람들 앞에서 창피를 주면 안 된다고 배려하는 모양인지 잘못을 지적하지 않는다. 학생들은 일대일 수업이라면 편하게 질문했을 텐데, 여러 사람 앞에서는 부끄러운지 마음껏 물어보지도 못한다. 그러다 보니 효율이 뚝 떨어진다.

외국어 회화를 배울 때는 3배의 돈이 들더라도 '1 대 3'보다 일대일 수업을 듣는 것이 더 효율적이다.

외국어 회화를 배우고 싶고,

동시에 시간도 절약하고 싶다면

일대일 수업이 훨씬 효율적이다.

061

노력도 돈으로 살 수 있다

'시간을 돈으로 사는' 방법은 외국어 회화 일대일 수업 외에도 많다. IT, 컴퓨터, 법률, 회계, 심리학, 수학 등 전문가에게 가르침을 청하는 것이다.

독학은 돈이 거의 안 들지만 효율적인 면에서 상당한 품이 든다. 한 분야의 전문가는 여러 가지 힘든 과정을 겪으면서 비법을 터득한 사람들이다.

독학으로 그 수준에 도달하기까지 얼마나 오랜 시간이 걸릴지를 생각하면 차라리 돈을 내고 그 비법을 배우는 편이 훨씬 시간을 절약하는 길이다. 이것이 바로 돈으로 시간을 사는 기술이다.

핵심은 돈을 내고 과외를 받는다는 점이다. '저 사람은 이 분야에 관해 잘 아는 것 같아. 공짜로 좀 배워볼까?' 무심코 이런 생각을 할 수 있지만, 상대방은 그만큼 시간과 노력을 들여야 한다. 공짜로 배우려는 것은 남의 시간을 공짜로 빼앗는 것이나 다름없다.

5분 이내로 끝나는 일이나 상대방이 괜찮다고 하면 가르쳐달라고 할 수도 있다. 단, 한 번 배웠다고 해서 그 사람에게 지나치게 의지하지 말자. 기본적으로는 스스로 노력해보고, 도저히 할 수 없는 경우에만 가르침을 청한다.

다만 제대로 배우고 싶다면 깔끔하게 돈을 내고 배우는 것이 자신에게도 이득이다. 전문학교에 다니는 것도 방법이지만 그만한 여유가 없거나 일대일로 차분히 이해하고 싶다면 '과외 선생님'이 되어줄 전문가를 찾아보자. 요즘은 인터넷을 활용하면 쉽게 다양한 인재를 찾을 수 있다.

돈을 내는 사람은 아까워서라도 더 많이 배우려고 진지하게 공부한다. 가르치는 사람도 공짜 수업을 성의 있게 가르치기 힘들다. 받는 만큼 주고 싶은 마음은 인지상정이다. 가르치는 사람과 배우는 사람 모두 진지하다는 점에서 공짜 수업보다 훨씬 효율적이다.

시간 여유가 없고 제대로 배우고 싶다면 일대일 수업을 이용하자. 돈으로 쓸데없는 노력을 줄이고 시간도 절약할 수 있다.

시간 여유가 없지만 제대로 배우고 싶다면
전문가에게 가르침을 받자.
그들의 노력을 돈으로 사는 것이다.

062

지식을 흡수하는 능력이 뛰어나면
시간 낭비가 없다

미국 강연가 짐 론은 성공하는 사람의 특징 중 하나로 일반인과 다른 '흡수력'을 꼽는다. 똑같은 경험을 하더라도 성공하는 사람은 더욱 많은 것을 흡수하는 반면 일반인은 중요한 것조차 흡수하지 못한다.

같은 수업을 들어도, 같은 영화를 봐도, 같은 책을 읽어도, 같은 그림을 봐도 성공하는 사람과 일반인은 자연히 차이가 난다. 성공하는 사람은 일반인보다 더 많은 것을 흡수하기 때문이다.

성공하는 사람은 감명받은 말을 들으면 마음에 새기고, 감동적인 장면을 보면 기억해두었다가 마음의 양식으로 삼는다. 일반인이라면 금세 잊어버릴 일도 중요한 것은 확실하게 흡수한다.

하나하나의 일에서 더 많은 것을 흡수하고, 그것을 성장하는 데 영양분으로 삼는다.

수업을 들을 때도 '이런 내용을 외우는 것이 도대체 무슨 의미가 있을까'라고 생각하면서 들은 것들은 기억에 남지 않는다.

영화도 그저 멍하니 보면 나중에 어떤 이야기였는지 제대로 떠오르지 않는다.

해외에 2~3년씩 살아도 외국어를 통달하겠다는 강한 의지를 가지고 공부하지 않는 한 외국어 실력은 늘지 않는다. 아무 생각 없이 살면 시간은 그저 우리를 스쳐 지나갈 뿐이다.

인간으로서 성장할 수 있는가는 매 순간을 얼마나 소중하게 여기느냐에 달렸다. 하나하나의 일에서 중요한 것을 얼마나 많이 흡수할 수 있느냐에 따라 정해진다.

배울 의욕만 있다면 어떤 일에서든 중요한 것을 배울 수 있음을 명심하자. 그리고 하나하나의 일에서 많은 것을 흡수하자. 그러기 위해서는 지금 일어나는 일에서 무엇을 배울 수 있을지 진지하게 의식하며 살아가야 한다.

성공하는 사람과 일반인은 흡수력에서 차이가 난다.

하나하나의 일에서 '무엇을 배울 수 있는가'를 의식하면

많은 것을 흡수할 수 있다.

'잘 모른다'고 생각할수록 더 모르게 된다

문제를 해결할 때 중요한 4가지 요소가 있다.

첫 번째는 정보원이다. 양질의 정보원이 많을수록 문제를 해결할 방법이 잘 떠오른다.

두 번째는 경험으로 배운 지식이다. 같은 종류의 문제를 해결한 경험이 많을수록 문제를 해결하기가 쉬워진다.

세 번째는 제어다. 정보원과 경험으로 배운 지식을 어떻게 활용할 것인가에 따라 문제 해결 여부가 달라진다.

네 번째는 신념 체계다. 그 문제를 어떻게 느끼는가를 말한다. 즉, 문제를 해결할 '자신 있다', 혹은 '서투르다'고 느끼는 것이다. 처음 3가지는 내가 얼마나 노력하는가에 달렸지만, 신념 체계는 나의 마음가짐이다.

할 수 있다고 생각하면 그만큼 문제 해결이 쉬워진다. 반대로 거북하다고 의식할수록 문제 해결이 어려워진다.

예를 들어 '경제에 관해 잘 모른다'고 생각하는 사람이 있다고 하자. 그에게 "이건 경제 기사예요"라고 말했을 때와 "이건 일반 기사예요"라고 말했을 때 이해력에서 차이를 보인다. "이건 경제 기사예요"라고 말했을 때 이해도가 더 떨어진다. 자신이 경제를 잘 모른다고 의식하고 기사를 읽었기 때문이다.

무언가에 대해 잘 모른다고 생각할 수 있다. 그러나 '잘 모른다'고 생각하는 것 자체만으로 문제가 더 어려워진다는 사실을 기억하자. 특별히 의식하지 않으면 풀릴 문제도 '나는 해낼 수 없을 것이다'라고 생각하면 문제를 풀 수 없다.

'잘 모른다'고 생각되더라도 스스로 말하지 말자. 마음속으로도 생각하지 말자. '아직 이 분야에 미숙할 뿐, 나도 하면 잘할 수 있다'고 생각을 바꿔라.

'잘 모른다'고 생각할수록 문제 해결이 어려워진다.

'잘 모른다'고 생각하는 대신

'나도 할 수 있다'고 생각을 바꾸자.

064

시간을 살 수는 있어도 빌릴 수는 없다

책을 다른 사람에게 빌려줄 것인가, 빌려주지 않을 것인가? 책을 살 것인가, 빌릴 것인가? 빌린다면 어디에서 빌릴 것인가?

먼저 책을 빌려주는 경우를 생각해보자. 약속 기한까지 돌려받을 수 있을지는 상대방에게 달려 있으므로 스스로 통제할 수 없다. 비즈니스 컨설턴트 야마사키 다케야는 "책은 일단 빌려주었다 하면 돌려받을 가능성은 없는 것이나 마찬가지다"라고 말했다.

내 경험에 비춰봐도 약속 기한까지 책을 돌려받은 적이 한 번도 없다. 재촉하지 않으면 기한이 한참 지나도록 아무 말이 없고, 마음먹고 재촉해도 '기다려달라'는 말만 돌아올 뿐이다. 게다가 늦게라도 돌려주면 그나마 다행이지만, 빌려준 책을 잃어버렸다고 한 적도 있다. 그렇다고 새로 사달라고 하기도 어려워 울며 겨자 먹기로 단념할 수밖에 없었다.

책을 절대 빌려주지 말라는 것이 아니라 이런 일도 있다는 점은 명심하자. 그래서 앞으로는 빌려달라는 부탁을 받으면 "절대 구할 수 없는 책이라면 필요한 부분만 복사해드리겠습니다"라고 말할 생각이다.

그럼 책을 빌리는 경우는 어떨까? 빌린 책은 돌려주어야 하므로, 언제까지 읽어야 한다는 시간 제약이 있다. 그 밖에도 귀찮은 일이 있다. 정기적으로 만날 기회가 없는 사람에게 빌린 경우 책을 돌려주려면 상대방과 만날 기회를 만들어야 하고, 불가능하다면 택배로 보내야 한다.

도서관에서 빌리는 경우에는 반납 기한이 정해져 있으므로 인간관계가 틀어지는 일은 없다. 하지만 기한 내에 도서관을 방문해서 반납해야 한다는 제약과 번거로움이 생긴다.

이런 점을 고려하면 책은 빌리기보다 사는 편이 시간과 노력을 절약하는 길이다. 특히 아는 사이에 책을 빌려주거나 빌릴 경우 귀찮은 문제가 생기기 쉽다는 점에서 사는 편이 더 '싸게' 먹힌다.

책을 빌리는 것은 신중하게 생각하자.

빌려줄 때는 기한까지 돌려받지 못할 수도 있고,

빌리는 것보다 사는 편이 더 '저렴'할 수 있다.

065

책장에는 수십 년의 시간이 모여 있다

요즘은 인터넷에 방대한 정보가 넘쳐나서 알고 싶은 것을 검색해서 볼 수 있다. 그런데도 책을 사는 데 의의가 있는 것은 왜일까?

경영 컨설턴트 야마사키 다케야는 《일류의 조건》에서 다음과 같이 말한다.

"책을 펼쳐서 읽지 않고 책장에 꽂혀 있는 책의 표제만 보고도 머릿속에 내용의 개요가 떠오른다. 표제만 보고 어떤 내용이었는지 기억나지 않을 때는 책을 펼치고 읽으면 된다. 열심히 읽었던 책이지 않은가. 최소한 그렇게라도 다시 읽는 노력을 하지 않으면 아깝다. 이때 책장이 활약한다."

한 번 읽은 책은 그 내용이 머리 한구석에 남아 있다. 나 또한 오래전에 읽은 책인데도 '분명 이런 내용이 쓰여 있었지'라고 떠올리곤 한다. 작가로서는 책을 가까이 두면 바로 꺼내 확인할 수 있어서 좋다.

와타나베 쇼이치도 《지적 생활의 발견》에서 "문득 어떤 책을 읽고 싶을 때, 그 책이 가까이 없는 것은 때때로 치명적이다"라고 말했다. 어떤 것을 알아보고자 할 때 원하는 책이 가까이에 없으면 찾느라 시간과 노력을 소비한다. 인터넷에서 알아볼 수 있다면 몰라도 그것이 불가능할 때는 도서관에 가거나 다른 방법을 찾아야 한다.

집필 활동을 하지 않더라도 문득 예전에 읽었던 책을 다시 읽고 싶을 때가 있다. 그럴 때 책장에서 바로 꺼내 확인할 수 있으면, 그만큼 인생에 즐거운 일이 늘어나는 셈이다.

나에게는 몇십 년 동안 책장에 꽂아둔 채 잊고 지내다 문득 생각나서 몇 번이나 다시 펼쳐 읽은 책도 많다. 어딘가에서 빌려 읽은 책이었다면 다시금 떠오르지 않았을 것이다. 책은 빌리기보다 사서 읽고 내 책장에 꽂아두면 책값 이상의 가치를 한다.

책을 읽고 나서 가까이 놓아두면
문득 다시 읽고 싶을 때 바로 꺼내 읽을 수 있다.
그 장점은 이루 헤아릴 수 없다.

066

실현 가능성이 50% 되는 일에 매달리자

'모래 위에 누각을 짓는다'는 뜻의 사상누각(沙上樓閣)이라는 사자
성어가 있다. '무너지기 쉽다'는 의미로 오래가지 못하고 실패하기
쉬운 상황에 쓰인다.

모래 위에 누각을 짓는 사람의 특징은 동경심만으로 '언젠가 하
고 싶은 일'에 달려든다는 점이다. '언젠가 하고 싶은 일'에 도전하
는 그 자체는 나쁘지 않다. 다만 모래 위에 누각을 세운다면 아무
리 시간과 노력을 들여도 기대했던 결과를 얻을 수 없다. 도리어
실망감만 얻을 뿐이다.

'모래 위에 누각을 세우는 노력'은 아무런 기반도 없이 무턱대고
달려드는 것과 같다. 실현하는 데 어느 정도 시간과 노력이 필요한
지 대략 짐작할 수 있는데도 이를 무시하고 밀어붙이려고 한다.

예를 들어 항간에는 '3주면 영어를 유창하게 말할 수 있다'는 식
의 '마법 지팡이' 같은 표어를 내건 책이 넘쳐난다. 하지만 몇천만

원을 들여 몇 년 동안이나 영어회화 학원에 다닌 나는 그것이 보통 사람들에게는 거의 불가능한 일이라는 것을 안다. 사실 그런 교재에 손을 댔다가 좌절한 사람들을 수도 없이 봐왔다.

그중 게이오기주쿠대학의 통신교육 과정이 압권이다. 게이오라는 브랜드 때문인지 매년 엄청난 수의 사람들이 이곳에 입학한다. 그러나 내가 재적할 당시에는 약 3%만 졸업할 수 있다는 소문이 있었다. 정식으로 졸업한 사람도 졸업하기까지 평균 연수가 10년이 넘었다. 나도 통신교육 과정 졸업생인데, 오랜 세월 열심히 공부하고도 중퇴할 수밖에 없을 때의 분함은 이루 말할 수 없을 것이다.

'언젠가 하고 싶은' 일을 실현하기 위해 도전하는 것을 부정적으로 말하는 것이 아니다. 그러나 어느 정도 시간과 노력이 들지를 곰곰이 생각해보고 도전하지 않으면 '모래 위에 누각을 세우는 노력'이 될 수 있다. 그런 무모한 노력을 하기보다 열심히 하면 실현 가능성이 최소한 50% 정도 되는 일을 하나씩 해나가자. 그래야 앞으로 훨씬 더 다양한 일을 해낼 수 있다.

모래 위에 누각을 짓는 일에 매달리느라 시간을 허비하지 말자.

노력하면 실현할 가능성이 최소한 50% 정도는 되는 일을

하나씩 해나가자.

O67

'무엇을 하지 않을 것인가'를 정한다

이것도 하고 싶고, 저것도 하고 싶지만 실제로 할 수 있는 일은 많지 않다. 대표적인 것이 여행이다.

여행안내 책자를 보면서 계획을 세울 때면 이것도 먹고 저것도 먹자, 이 가게도 가고 저 가게도 가자, 하고 꿈에 부푼다. 이것도 필요하고 저것도 필요하다며 여행 가방이 빵빵하게 부풀어 오르도록 짐을 채운다. 하지만 여행을 떠나보면 비현실적인 계획임을 곧바로 깨닫는다.

이런 경험이 있다면 그만큼 '하고자 하는 일'과 '실제로 할 수 있는 일'에 차이가 있음을 인지하지 못하고 있다는 뜻이다.

착실하게 '하고자 하는 일'을 해나갈 때 중요한 점이 있다. '무엇을 하지 않을 것인가'를 정하고, 그 일에 손대고 싶은 유혹에 넘어가지 않는 것이다.

예를 들어 나는 현재 영어, 독일어, 프랑스어, 이탈리아어, 스페

인어, 중국어, 6가지 외국어를 배우는 중이다. 외국어를 배우는 그 강렬한 매력에 빠지면, 10개 국어 혹은 20개 국어를 마스터했다고 큰소리치는 사람을 보면서 동경심도 들고 투쟁심도 불타오른다. 그렇다면 나도 조금 더 해볼까 하는 생각이 든다.

그런데도 나는 '더 이상 다른 외국어에는 손대지 않겠다'고 결심했다. 이미 나의 외국어 학습이라는 이름의 '여행 가방'이 빵빵하게 부풀어 있기 때문이다. 내가 외국어를 배우는 궁극적인 목적은 외국어로 쓰인 훌륭한 책을 읽고 좀 더 풍요로운 삶을 살기 위해서이다. 지금부터 몇 마디 할 줄 아는 외국어 수를 몇 개 늘린다 해도 더 이상 큰 의미가 없다.

내 능력으로 얼마든지 할 수 있는 일이라도 한정된 시간으로 모든 일을 다 할 수 없다. 그렇다면 '하지 않을 일'을 정하고, 그 일에는 시간 낭비하지 말자. 그래야 더욱더 확실하게 '하고자 하는 일'을 할 수 있다.

'하지 않을 일'을 정하고,

그 일을 하고 싶은 유혹을 끊어내야

정말 하고 싶은 일을 할 시간을 만들 수 있다.

불가능을 없애는 플랜B, 플랜C

이민규 심리학 박사는 《실행이 답이다》에서 "아무리 준비해도 돌발 사태가 생긴다"고 하며 대안을 세워두라고 권한다.

목표 달성 계획을 플랜A라고 하면, 돌발 사태로 플랜A를 실행할 수 없게 되었을 때 대안으로 플랜B, 그마저도 불가능할 때 실행할 수 있는 플랜C를 세워둔다.

플랜A, 플랜B, 플랜C를 미리 세워두면 어떤 사태가 발생해도 당황할 필요 없다. 살다 보면 '설마 이렇게 될 줄은 몰랐다' 하는 돌발 사태가 왕왕 일어나기 마련이다. 그럴 때 계획이 무너진 사람은 변명을 늘어놓기 시작한다.

"오늘 중으로 원고를 보내려고 했는데, 갑자기 인터넷 연결이 안 돼서 보낼 수 없었어요."

"오늘은 도서관에서 온종일 공부하려고 했는데, 하필 임시 휴관 일이라 공부할 의욕이 사라졌어요."

"기껏 컴퓨터로 기획서를 작성했는데 키를 잘못 눌러서 한순간에 다 날아갔어요. 너무 충격을 받아 다시 작성할 기분이 안 나요."

이민규 박사에게 상담하러 오는 사람들 대부분은 스스로를 의지박약이거나 외부적인 방해로 실행할 수 없었다고 분석한다. 그러나 실제로는 돌발 사태에 대한 대안을 미리 생각해두지 않은 것이 가장 큰 원인이었다.

작업하는 공간에서 갑자기 인터넷 연결이 되지 않는 상황은 충분히 예상할 수 있다. 주로 이용하는 도서관이 임시 휴관일이었다면 다른 도서관에 가거나(플랜B) 스터디 카페에 가는 것(플랜C)도 생각해볼 수 있다. 컴퓨터의 데이터가 지워져도 문제없도록 평소에 백업하는 습관을 들이는 것도 하나의 대안이다.

예상할 수 없는 일이 발생한 경우에는 어쩔 수 없다. 그러나 예상할 수 있는 범위 내에서 플랜B, 플랜C를 생각해두자. 그러면 무슨 일이 일어나도 곧바로 방향을 전환할 수 있다.

예상할 수 있는 돌발 사태를 미리 생각해보고

플랜B, 플랜C를 세워두면

계획이나 일정이 어긋날 일이 없다.

069

더 이상 시작을 미룰 수 없는 상황을 만든다

발등에 불이 떨어져야 시작하는 사람이 있다. 어차피 할 일이라면 빨리 시작해야 여유 있게 끝낼 수 있을 텐데, 꾸물거리며 시작을 미루다 마감일이 되어서야 겨우 일에 착수한다.

의욕이 별로 생기지 않는 일이라면 아예 처음부터 거절하자. 거절할 수 없는 일이라면 하는 수밖에 없으니 시작을 우물쭈물 미루지 않도록 하자.

이민규 박사는 충만한 삶을 사는 사람의 특징으로 "다른 사람이 정해준 마감일을 자신이 설정한 마감일로 바꾸는 능동적인 습관"을 꼽았다.

예를 들어 10일이면 끝나는 일을 한 달 안에 끝내달라고 했다고 하자. 이때 '한 달 후'는 다른 사람이 정해준 마감일이다. 꾸물거리는 병에 걸린 사람은 '아직 여유가 있으니 나중에 시작해도 되겠지'라며 계속 미룬다. 그러다 어느새 시간이 흘러가고, 더 이상 시작을 미룰 수 없는 다급한 상황이 되어서야 겨우 일에 착수한다.

이런 일을 거듭하다 보면 이민규 박사의 말처럼 "스스로 마감일을 조절하지 못하고, 결국 마감일이 자신의 인생을 통제하게 된다." 10일이 걸리는 일을 마감하기 직전 10일 동안 하려고 했을 때 돌발 사태가 발생하면 할 수 있는 날짜가 9일밖에 남지 않는다. 그러면 일의 완성도가 떨어질 수밖에 없다.

일의 완성도가 높은 사람은 한 달이라는 '다른 사람이 설정한 마감 시간'을 '바로 시작해 3주 이내로 끝낸다'라고 '자신의 마감 시간'으로 바꾼다. 무리하지 않는 범위 내에서 '자신의 마감 시간'을 설정하고, 돌발적인 상황이 생기지 않는 한 이를 엄수하는 것이 핵심이다.

거절할 수 있는 일이라면 거절하자. 그러나 거절할 수 없는 일이라면 어차피 해야 할 일이니 미적거리며 시작을 미루지 말자. 마감일까지 날짜를 고려하여 돌발 사태가 발생하기 전에 스스로 마감일을 설정하고 곧바로 시작하자.

'다른 사람이 정한 마감일'을

'자신의 마감일'로 다시 설정하고

빨리 시작해서 일의 완성도를 높이자.

070

시간은 단 한 번도 멈추지 않는다

누구에게나 '기한 내에 꼭 해야 할 일'이 있다. 예를 들어 기한 내에 제출해야 할 서류, 반납해야 할 물건, 세금 신고, 건강검진 등. 그 밖에 배우자나 연인의 생일 선물도 생일이 되기 전에 미리 사두어야 한다.

미루어도 문제가 없는 일이라면 상관없다. 다만 특정한 날짜까지 반드시 해야 할 일은 생각났을 때 바로 하자. 아직 시간이 있으니 나중에 하면 되지, 이렇게 생각하다 보면, 어느새 기한이 임박해져 다른 할 일과 겹치는 경우도 있다. 시간에 쫓기다 보면 만족스럽게 해내기 힘들다.

매년 습관처럼 생일이 지나고 나서야 선물을 주는 사람이 있었다. 그 사람은 이렇게 말했다. "선물을 사야지, 사야지 생각하면서 아직 날짜가 있으니 괜찮겠지 하고 미루다 시기를 놓쳤어. 내년부터는 꼭 생일에 맞춰 보낼게."

하지만 말하기는 쉬워도 실행하는 것은 별개의 문제다.

너무 일찍 사면 썩어버리는 종류는 미리 살 수 없다. 하지만 썩지 않는 것이라면 한두 달 전에 미리 사두어도 된다. 특히 평소에 바쁜 사람은 선물을 사러 갈 수 있는 시간이 휴일밖에 없다. 정말 선물을 보내고 싶다면, 날짜가 다가올 때까지 기다리지 않고 한 달 전에 준비하자.

'아직 시간이 있으니 지금 당장 하지 않아도 돼'라는 생각이 들때 '기한 내에 반드시 해야 하는 일인가?'라고 자문해보자. '그렇다'는 대답이 나오면 바로 시작하자.

마음 놓고 있을 때도 기한은 다가온다. 기한이 다가올수록 그 일을 끝내지 못할 가능성도 점차 커진다.

'기한 내에 꼭 해야 할 일'은 생각났을 때 바로 하자.

'아직 시간이 있으니 나중에 하자'고 미루면

못하게 될 가능성만 더 커진다.

071

시간으로 나를 옭아매지 마라

'서두르면 오히려 일을 그르친다'라는 말이 있듯이 급할 때 서둘러 일을 끝내려고 하면 그만큼 실패할 가능성이 커진다.

실패하고 나서 '시간이 더 있었으면 더욱 잘했을 텐데'라고 변명한들 귀 기울여주는 사람은 없다. 어떤 변명을 해도 다른 사람은 당신의 능력을 100% 발휘한 결과라고 판단한다. 그런 실수를 저지르지 않도록 충분한 여유를 두고 일정을 세운다.

사람들은 항상 바쁘게 사는 것이 좋다며 일정을 빡빡하게 짜려고 하지만, 그렇게 되면 항상 시간에 쫓기는 상태가 이어진다. 그런 생활을 지속하면 마음의 평안을 얻지 못할 뿐만 아니라 위험하기까지 하다.

무리한 일정으로 자신을 꼼짝달싹 못 하게 옭매면, 차분히 반성할 시간도 가질 수 없다. 그러면 언제까지나 자신의 결점을 알아채지 못한다. 예상 밖의 일이 일어나도 그에 대응할 수 없다. 자동차

핸들에도 약간의 여유가 필요하다. 그 여유가 없으면 위험하듯이 일정에도 약간의 시간 여유가 있어야 한다.

일정을 여유롭게 잡고 조금 일찍 끝내는 습관을 들이는 편이 '많은 일을 빨리 해치우고자' 일정을 빡빡하게 채워 스스로 꼼짝달싹 못 하게 얽매는 것보다 오히려 시간을 유용하게 사용할 수 있다.

계산대로라면 일정을 다 해낼 수 있겠다 싶어도 예상보다 시간이 더 걸릴 것이라는 전제하에 일정을 짜는 것이 요령이다. 사흘 만에 끝내기로 하고 나흘째에 바로 새로운 일정을 넣으면, 예상 밖의 일이 일어나도 무조건 사흘 내로 그 일을 끝내야 한다. 한편 일주일 동안 새로운 일정을 넣지 않고 비워두면 예상 밖의 일이 일어났을 때 일주일을 할애할 수 있다.

일정에는 여유를 두는 것이 오히려 시간을 절약하는 비법이다. '서두르면 오히려 일을 그르치는' 일이 줄어들고, 결과적으로 일을 더욱 잘할 수 있다.

일정을 빡빡하게 세우기보다 여유롭게 짜야

예상 밖의 일이 생겼을 때를 대비할 수 있고,

서두르다 일을 그르치는 일이 줄어든다.

시간을 제대로 활용하려면
무슨 일에, 누구에게
시간을 쓸지를
명확히 해야 한다.
불필요한 욕구와
인간관계를 줄이고
나의 시간과 에너지를
빼앗는 것들을 멀리하면
여유 시간이 생긴다.

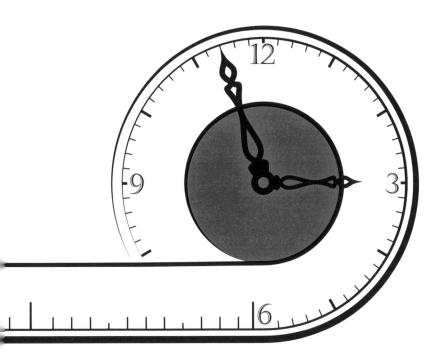

PART
06
≡
시간의 역설

072

'이왕 하는 김에'를 활용하라

얼마 전 넷플릭스 드라마 제목이 눈길을 끌어서 보기 시작했고, 푹 빠져서 그만 단숨에 마지막 회까지 보고 말았다. 드라마를 재미있게 보기는 했지만, 문득 정신을 차리고 보니 어마어마한 시간이 흘러 있었다.

드라마를 보는 것은 나쁜 일이 아니다. 일상의 윤활제가 되기도 하는 드라마를 즐기는 것도 좋다. 다만 일석이조로 즐길 방법을 찾아보는 것이 어떨까?

예컨대 나는 6가지 외국어를 배우고 있기 때문에 외국 드라마를 보면서 어학 학습도 한다. 드라마도 즐기고 공부도 하는 일석이조의 목적을 이룰 수 있다. 문득 정신을 차려보니 막대한 시간이 흘러 있었다 하더라도 어학 학습도 했기에 시간을 유익하게 쓴 셈이다.

사람마다 일석이조로 즐기는 방법이 다르다. 음악을 들으면서 운동을 하거나, 영어 회화 카페에서 영어 회화를 즐기거나, 고급 카페에서 난해한 서적을 독파한다……. 핵심은 '즐거움'과 '자신의 성장으로 이어지는 일'을 조합하는 것이다. '즐긴다'는 주된 목적에 '자신이 성장할 수 있는 일'을 합체할 수 있다면 틀림없이 푹 빠질 것이다.

일석이조의 시간 활용 기술은 공부에도 응용할 수 있다. 특히 추천하고 싶은 방법은 책을 읽다가 감명받은 부분에 밑줄을 그어놓고, 나중에 그 문장을 깔끔한 글씨로 노트에 베껴 쓰는 것이다. 감명받은 문장이 자신의 피와 살이 된다. 실제로 옮겨 적으면 그냥 읽을 때보다 기억에 훨씬 오래 남는다. 베껴 쓰는 습관을 들이면 삶의 방식 자체가 확 바뀌는 것을 실감할 것이다.

또한 속담이나 사자성어도 정확하게 익힐 수 있고, 예쁘게 쓰는 연습도 된다. 내가 배우는 외국어로 쓰인 책을 읽을 때도 베껴 쓰다 보니 외국어 쓰기 실력이 자연스럽게 늘어났다.

'즐거움'과 '자신의 성장으로 이어지는 일'을 합체하여

일석이조로 시간을 활용할 방법을 찾자.

073

욕망은 시간 폭주를 부추긴다

아리스토텔레스는 인간으로서 바람직하지 않은 성격 중 하나로 '아크라시아(acrasia, 자제력 없음)'를 꼽았다. 아크라시아는 '욕망을 억제할 수 없음'을 뜻하는 말인데, '알고 있지만 그만둘 수 없다'거나 '알고 있지만 좀처럼 할 수 없다'는 상태를 말한다.

다이어트를 해야 하는데 자신도 모르게 그만 과자에 손이 간다, 오늘 중으로 과제를 해야 하는데 자신도 모르게 그만 TV를 계속 보게 된다 등 예를 들면 끝이 없다.

하지 않아야 한다는 것을 머리로는 알고 있지만 욕망을 억제할 수 없는 것이다. 다만 계속 그러면 자신이 난처할 뿐만 아니라 다른 사람에게도 피해를 줄 수 있다. 그렇기에 아리스토텔레스가 욕망을 억제할 수 있는 사람이 되라고 한 것이다. 그럼 어떻게 하면 욕망을 억제할 수 있을까? 2가지 방법이 있다.

하나는 욕망이 생기지 않도록 하는 방법이다. 예를 들어 과자에 무심코 손이 간다면 여분의 과자를 쟁여두지 않는다. 한번 켠 TV를 절제 없이 계속 보게 된다면 TV가 없는 곳에서 과제를 한다.

다른 하나는 욕망이 생겼을 때 조금 참아보는 방법이다. 예를 들어 술을 마시고 싶다는 생각이 들어도 조금 참아보자. TV가 보고 싶어도 과제가 끝날 때까지 조금 참아보자. 영원히 참으라는 말이 아니다. '참지 않아도 되는 때'가 올 때까지 조금만 참아보자는 것이다.

2가지 습관을 몸에 익힘으로써 조금씩 욕망을 억제할 수 있게 된다. 그러면 욕망에 휘둘릴 때보다 훨씬 더 마음의 평안을 얻을 수 있다.

욕망이 생겼을 때 '지금 그 일에 손대도 될까'라고 자문해보자. '아니오'라는 답이 나온다면 조금만 참아보자. 그 작은 결단이 자제력이라는 덕을 키워준다.

첫째, 욕망이 생기지 않도록 하고,

둘째, 욕망이 생길 때 조금 참아본다.

2가지 습관을 들이면 이내 하고 싶은 일을 할 수 있다.

074

마음을 흐트러뜨리는 일을 멀리하라

현재의 쾌락주의는 먹는 쾌락, 성적인 쾌락, 아름다운 것을 보는 쾌락 등을 철저하게 탐하는 것으로 해석한다. 그러나 철학자 에피쿠로스가 설파한 쾌락주의의 진정한 목적은 마음의 평정을 얻는데 있다.

그는 육체적인 쾌락만을 추구해서는 행복해질 수 없다고 말한다. 육체적인 쾌락보다 마음의 평정을 얻는 편이 몇 배 더 행복하다고 생각했다. 그럼 마음의 평정을 얻으려면 어떻게 해야 할까? 그는 '숨어 살라'는 명언을 남겼다.

물리적으로 '숨어 살라'는 의미가 아니다. 너무 많은 일에 연루되면 마음이 흐트러지므로 이를 피하라는 뜻이다. 현대인들은 너무 많은 일에 관여하는 나머지 정말로 자신이 좋아하는 일을 하기 어렵다.

"이 일도 해야 하고, 저 일도 해야 하고, 이것도 하고 싶고, 저것도 하고 싶고……."

그러나 사실은 그렇게 믿고 있을 뿐 할 필요 없는 일도 많다.

그럼 어떻게 하면 숨어 살 수 있을까?

자신이 할 수 있는 범위 내에서 '마음이 흐트러질 수 있는 일'을 멀리하는 것이다.

예를 들어 전화는 음성 사서함으로 연결되도록 설정한다, 보고 싶은 방송이 없다면 TV를 켜지 않는다, 인터넷 서핑을 하지 않는다, 신문이나 잡지는 필요할 때만 읽는다, 동료와 만나는 것을 제한한다, 자유로이 출석해도 되는 모임에는 참가하지 않는다, 윈도 쇼핑을 하지 않는다 등이다.

'마음이 흐트러질 수 있는 일'에서 멀어지면 그만큼 차분하게 살 수 있다. 그뿐만 아니라 좋아하는 일에 몇 배 더 몰두할 수 있다.

나름대로 '숨어 사는' 방법을 찾아보자. 많이 찾아낼수록 차분하게 살 수 있다. 그럼으로써 육체적인 쾌락에 빠질 때보다 몇 배 더 기분 좋은 마음의 평정이라는 '쾌락'을 얻을 수 있다.

'마음이 흐트러질 수 있는 일'에서 멀어지면
그만큼 차분하게 살 수 있고,
좋아하는 일에 몇 배 더 몰두할 수 있다.

075

꼭 만나야 할 사람들을 위한 시간

사람들을 접할 기회가 줄어들면 금방 외로움을 느끼는 사람이 있다. 소위 '외로움을 많이 타는 사람'이다. 외로움을 느끼는 것 자체가 나쁘다는 말은 아니다. 자연스러운 감정이라면 억지로 억압할 필요 없다.

다만 외로움을 잘 달래는 법을 모르면 고독감에 휩싸여 비정상적인 방향으로 빠질 수 있다. 술에 중독되는 사람, 지나치게 이성을 추구하는 사람, 도박에 빠지는 사람……. 모두 외로움을 달래는 현명한 방법이라고 할 수 없다. 일시적으로 고독이 치유되더라도 자극이 약해지면 또다시 고독감에 시달릴 수 있다.

그럼 더 현명하게 고독을 치유하는 방법은 없을까?

한 가지 추천하고 싶은 방법은 전 세계의 위인들과 '대화'를 해보는 것이다. 직접 만나지 않더라도 위인들의 책을 통해 그들과 대화를 나눌 수 있다. 방법은 간단하다. 그들의 책을 비판적으로 읽어

보는 것이다. 그들의 주의 주장을 부정한다는 의미가 아니다. 그들의 주의 주장을 음미하면서 읽으라는 뜻이다.

예를 들어 무슨 말인지 잘 이해되지 않는 곳에는 물음표(?)를 표기한다. 구체적인 예를 알 수 없을 때는 '구체적인 예'라고 쓴다. 저자가 왜 그렇게 생각하는지 의문이 드는 대목에는 '독단적?'이라고 쓴다. 전제에서 결론을 도출하는 방법에 의문을 느낄 때는 '도출 방법?'이라고 쓴다. 공감한 곳에는 '◎'를 표기하고, 감명받은 곳에는 밑줄을 긋는다.

빨리 읽는 것이 아니라 이처럼 비판적으로 책을 읽으면 그 순간 저자와 대화를 나누게 된다. 실제로 저자와 토론하는 느낌도 든다. 그러다 보면 어느새 고독하다고 생각했던 자신이 다르게 느껴진다. 훌륭한 말동무가 생겼기 때문이다.

고독을 느낄 때는 위인들과 대화를 나눠보자. 책을 읽을수록 점점 더 그들과 대화를 나누고 싶어진다. 머지않아 전혀 외롭지 않고, 정신적으로 풍요로움을 느낄 수 있다.

외롭다고 느껴질 때면 위인들이 쓴 책을 읽어보자.
비판적으로 읽으면 그들과 대화를 나눌 수 있어서
고독이 치유될 뿐만 아니라 정신적으로도 풍요로워진다.

O76

인간관계는 얼마든지 선택할 수 있다

라디오 인생 상담을 듣고 있노라면 종종 얼마나 많은 상담자들이 어울리지 말아야 할 사람을 스스로 선택하여 어울리고 있는가 하는 생각이 든다. 영어에 'ask for trouble(화를 자초한다)'이라는 표현이 있는데, 그들을 두고 하는 말이다.

예를 들어 어떤 남성이 나쁜 여성에게 속았다고 했다. 그는 상대 여성이 일방적으로 잘못했고, 그녀와 사귄 기간이 모두 시간 낭비였다고 말했다. 하지만 그의 이야기를 들을수록 애초에 왜 그런 여성을 사귀었을까 하는 생각이 들었다. 보통 사람이라면 일단 피할 듯한 여성이었다. 그런 여성과 관계를 맺은 그 자체가 'ask for trouble'이나 다름없다.

어떤 인간관계이든 한쪽이 100% 잘못한 경우는 거의 없다. 부모와 형제는 스스로 선택할 수 없지만, 사적으로 어울리는 상대는 100% 자신의 의사로 선택할 수 있다. 상대가 상도의를 벗어나는 사람이었다 하더라도, 왜 그런 사람과 관계를 맺었는지를 생각해 보면 자신에게도 문제가 있음을 부정할 수 없다.

회사에서의 인간관계는 별개로 하더라도 사적으로 어울리는 사람은 100% 자유롭게 선택할 수 있다. 자신에게 해가 될 사람이라는 생각이 들면 처음부터 어울리지 않으면 된다.

인간관계에서 어떤 문제에 휘말렸다면 먼저 왜 그런 사람과 관계를 맺게 되었는지를 생각해보자. 왜 그 사람에게 매력을 느꼈을까? 그 사람이 어딘가 이상하다고 느낀 적은 없었을까? 이상한 점을 느꼈다면 왜 그 사람과 거리를 두지 않았을까?

상대방을 냉정하게 판단해보면 대개 어울려서는 안 되는 사람이라는 것을 간파할 수 있다. 상대를 제대로 판단하지 못했다면 자신에게도 잘못이 있다고 반성하자. 그렇지 않으면 계속 화를 자초하게 된다.

사적으로 어울리는 사람은 자신이 얼마든지 선택할 수 있다.

스스로 문제를 자초하지 않으려면 제대로 선택해야 한다.

스스로 재난을 자초하는 것만큼 어리석은 시간 사용법은 없다.

077

나를 알아야 시간 계산이 정확하다

자신을 객관화하는 것을 메타인지 능력이라고 한다. 어떤 능력이 높아도 메타인지 능력이 낮으면 모든 일이 원활하게 풀리지 않는다. 반대로 어떤 능력은 보통 수준이라도 메타인지 능력이 높으면 모든 일이 원활하게 진행된다.

예를 들어 1시간에 10단위의 일을 할 수 있는 A군과 12단위의 일을 할 수 있는 B군이 있다고 하자. 능력 자체는 B군이 더 뛰어나다. 하지만 A군은 메타인지 능력이 뛰어나고 B군은 떨어진다.

A군은 자신이 1시간에 10단위의 일만 할 수 있다는 사실을 인지하고 있다. 그래서 1시간에 10단위의 일만 계획한다. 다른 사람이 그 이상을 기대하도록 만들지도 않고, 큰소리치지도 않는다. 단, 반드시 10단위의 일은 완수한다. 주변 사람들도 A군이 1시간에 10단위의 일만 할 수 있다는 사실을 인지하고 그 이상을 기대하지 않는다. 하지만 항상 약속한 10단위의 일을 해내기 때문에 A군을 신뢰한다.

반면 B군은 자신의 능력이 뛰어나다는 것을 알기에 자만심도 있다. 다만 메타인지 능력이 떨어지므로 자신을 객관적으로 볼 수 없고, 저도 모르게 허세를 부리며 1시간에 15단위 또는 18단위까지 계획한다. 객관적으로 봐도 무리인데 의욕이 넘쳐서 기꺼이 해내겠다고 장담한다. 자기 혼자만의 일이라면 몰라도 다른 사람과 약속한 일을 어기면 신뢰를 잃게 된다.

어떤 능력이든 뛰어나서 나쁠 것은 없다. 그러나 메타인지 능력이 떨어지면, 즉 자신의 능력을 객관적으로 판단하지 못하면 신뢰를 잃을 가능성이 크다.

자신의 능력을 갈고닦는 동시에 메타인지 능력도 높이자. 방법은 간단하다. 1시간에 자신이 어느 정도 양의 일을 해낼 수 있는지, 정말 일정대로 진행할 수 있는지, 말한 것을 실행에 옮길 수 있는지, 냉정하게 판단한다.

메타인지 능력을 갈고닦고 약속한 기한을 지키면 신뢰도 두터워진다. 이는 업무 능력을 갈고닦는 것만큼이나 중요한 일이다.

업무 능력을 갈고닦는 동시에 메타인지 능력도 높이자.

메타인지 능력을 키우면

약속한 기한을 틀림없이 지켜나갈 가능성이 커진다.

O78

'왜 그랬을까?' 대신 '다음부터 이렇게 하자'

유대교에서는 일주일에 한 번씩 안식일을 가진다. 6일 동안 일어난 일을 되돌아보기 위한 날이다. 안식일에 자신은 무엇을 했는지, 무엇을 하지 못했는지, 어떤 점이 좋았는지, 어떤 점이 나빴는지, 무엇을 느꼈는지 등을 차분히 되돌아본다.

과거를 되돌아보면 좋은 점도 많다. '그때 그런 일을 하는 것이 아니었다'고 후회하는 것만 아니면 말이다. 아무리 후회해도 과거에 일어난 일은 바뀌지 않는다. 그야말로 '엎질러진 물'이다. 그럴 바에야 처음부터 과거를 돌아보지 않는 편이 낫다.

과거를 되돌아보며 반성하는 것과 후회하는 것은 다르다. 반성하면 과거의 경험을 살릴 수 있기 때문이다.

과거의 경험을 살릴 수 있다면 이보다 더 좋은 '선생님'이 없다. 실패하면 손해 보는 것은 자기 자신이다. 그렇기에 과거의 경험은 좋은 '선생님'이 된다.

과거의 경험을 '선생님'으로 삼으려면 정기적으로 과거를 되돌아보는 습관을 길러야 한다. 다만 '그때 그런 식으로 하는 게 아니었는데'라는 마음의 소리가 들려오면 바로 다음과 같이 생각을 전환하자. '다음부터는 이렇게 하자.'

그러면 밝은 미래가 열릴 것이다. 똑같은 실수를 반복하는 일이 점점 줄어들기 때문이다. 과거의 일에서 배우는 것만큼 효과적인 것은 없다.

정기적으로 과거를 되돌아보는 습관을 들이자.
과거의 일을 반성하는 것만큼 좋은 '선생님'은 없다.

079

시간을 공유해서는 안 되는 사람들

인간은 영원히 살 수 없다. 삶은 유한하므로 시간을 공유해서는 안 되는 사람을 보는 안목이 필요하다.

시간을 공유하지 않는 것이 좋은 사람은 어떤 사람일까? '당신의 에너지를 빼앗는 사람'이다. 설령 사회적으로 성공한 사람일지라도 당신에게는 독이 된다. 구체적으로 말하면 당신을 비난하는 사람, 당신을 부정하는 사람, 당신을 비판하는 사람이다. 그런 사람들과 어울리는 것은 아무런 도움이 되지 않을뿐더러 오히려 해롭다.

그들과 잘 지낼 생각조차 하지 않아야 한다. 그들은 스스로 반성하고 노력하지 않는 한 변하지 않는다. 그들을 바꾸려 하는 것은 시간 낭비다. 그들과 거리를 두고 그들과 교류할 시간에 자신을 성장시킬 수 있는 일을 하는 편이 낫다. 한정된 삶을 살면서 나에게 해가 되는 사람과 보낼 시간이 없다.

당신의 에너지를 빼앗는 사람 이외에 어울리지 않는 편이 좋은 사람은 어떤 사람일까? '주홍을 가까이하면 붉어진다'는 속담이 있다. 우리는 좋든 나쁘든 어울리는 사람의 영향을 받기 마련이다. 그러므로 자신에게 나쁜 영향을 미칠 수 있는 사람에게는 처음부터 다가가지 않는 것이 좋다.

나에게 유익한 사람하고만 어울리겠다고 마음먹어도 실제로 그렇게 살아갈 수는 없다. 교육가 후쿠자와 유키치도 "속세에서 살고, 속세에 물들지 않고"라는 말을 남겼다. 우리는 속세에서 살아갈 수밖에 없으니 자신에게 악영향을 미칠 수 있는 사람을 인식하되, 사적인 시간에는 의연하게 자신의 가치관에 맞는 사람과 어울리면 된다는 뜻이다.

사적인 시간에는 철저히 이기적으로 굴어도 좋다. 시간을 공유해서는 안 되는 사람을 알아보고, 사적인 시간에는 정말 어울리고 싶은 사람, 나에게 유익한 사람과 어울리자. 당신에게는 그럴 권리가 있다.

나의 에너지를 빼앗는 사람,

나에게 독이 되는 사람을 알아보고,

그들과는 사적인 시간을 함께 어울리지 않는 것이

시간을 절약하는 방법이다.

080

잠을 줄인다고 시간이 늘어나지 않는다

내가 수십 권의 책을 펴내고 수많은 자격증을 가지고 있어서인지 사람들은 내가 잠을 줄여가면서까지 노력한다고 여긴다. 하지만 그렇지 않다. 수면 시간은 평균보다 오히려 긴 정도이다. 심지어 하루에 9시간 이상 잘 때도 많다.

4당5락(4시간 자면 합격, 5시간 자면 불합격)이라는 말도 있듯이 무작정 잠을 줄이면서 공부해야 성공할 수 있다고 한다. 하지만 수면 시간을 줄였을 때의 위험성을 발표한 과학적 데이터도 많다. 깨어 있을 때 얼마나 알차게 시간을 보내느냐가 중요하다. 잠을 줄이는 그 자체는 중요하지 않다는 사실을 명심해야 한다.

매슈 워커의 《우리는 왜 잠을 자야 할까(Why We Sleep)》에서는 기억력, 창의력, 다이어트, 면역력, 행복도, 장수에 있어서 '수면이야말로 최강의 해결책'임을 과학적 증거와 함께 설명한다. 이 책은 객관적 데이터에 근거하여 주장하고 있으므로 신뢰할 만한 가치가 있다. 이 책에서 다룬 몇 가지 중요한 과학적 근거는 다음과 같다.

- 수면 시간이 6~7시간 이하로 떨어지는 상태가 오래 지속되면 면역 기능이 떨어져 암에 걸릴 위험이 2배 높아진다.
- 기억력 테스트에서 낮잠을 잔 그룹의 성적이 낮잠을 자지 않은 그룹보다 20% 더 좋았다.
- 테스트 결과를 비교했더니 밤샘 그룹의 성적은 잠을 잔 그룹에 비해 40%나 낮았다.
- 수면 시간이 짧을수록 감기에 걸릴 확률이 높아진다. 5시간 미만인 그룹은 감염률이 50%였고, 7시간 이상인 그룹은 단 18%에 그쳤다.
- NBA 선수의 실적을 조사한 결과, 수면 시간이 8시간 미만인 그룹의 파울 수는 8시간 이상인 그룹보다 45% 증가했다.

잠을 줄여가면서까지 열심히 하는 것은 여러모로 위험하다. '수면이야말로 최강의 해결책'임을 이해하고, 잠을 줄여서 성과를 올리려는 생각을 버리자.

잘 자는 것이야말로 깨어 있는 시간을 효율적으로 사용할 수 있는 비결이다.
잠을 줄이면서 노력하는 것은 비효율적일 뿐 아니라 건강에도 위험하다.

081

잘 자는 사람이 시간도 잘 쓴다

한때 쇼트 슬리퍼(short sleeper, 선천적으로 적게 자는 사람)가 될 수 없을까 하고 시행착오를 겪던 시기가 있었다. 하지만 나는 아무리 노력해도 쇼트 슬리퍼가 될 수 없었다. 아무래도 쇼트 슬리퍼가 될 수 있는 사람과 될 수 없는 사람이 따로 있는 듯했다. 나는 체질적으로 불가능했던 모양이다. 그러나 시행착오를 거치며 수면의 질을 높이는 방법을 배울 수 있어 유익한 경험이었다.

양질의 수면은 활력을 준다. 수면 시간을 줄이는 것보다 수면의 질을 높이는 방법을 생각하자. 수면 시간을 줄이는 데는 다양한 위험이 도사리지만, 수면의 질을 높이는 일은 누구나 쉽게 할 수 있다. 수면의 질을 높이면 그만큼 깨어 있는 시간에 생산성이 높아진다. 여기서 몇 가지 방법을 소개하겠다.

• 배부른 채 잠을 자지 않는다. 배가 부른 상태에서 자면 공복 상태일 때

보다 수면의 질이 현격히 나빠진다.

- 자기 전에 술을 마시거나 담배를 피우지 않는다. 술과 담배가 잠이 드는 효과는 있어도 수면의 질은 나빠진다.
- 냉난방기의 온도를 여름에는 26도, 겨울에는 16~19도로 설정한다.
- 습도는 50%로 유지한다.
- 실내복이 아닌 잠옷 차림으로 잔다. 잠옷을 착용하면 한밤중에 잠에서 깨는 횟수가 약 15% 줄어든다는 실험 결과도 있다.
- 취침하기 2~4시간 전에 선잠을 자지 않는다.
- 수면에 좋은 아로마 테라피를 한다. 라벤더나 오렌지 등을 추천한다.

누구나 할 수 있는 소소한 방법을 실천하면 수면의 질이 높아진다. 나도 수면의 질을 높이는 방법을 활용하고 나서 다음 날까지 피로가 남지 않고, 오래 아픈 적이 없다. 수면 시간을 줄이기보다 얼마나 수면의 질을 높일지를 신경 쓰자.

수면의 질을 높이면 수면 시간을 줄일 때보다

생산성이 훨씬 높아진다.

082

휴식을 취하면 1시간 늘어난다

데일 카네기는 《자기관리론(How to Stop Worrying and Start Living)》에서 활동 시간을 1시간 늘리는 방법으로 "종종 휴양하라, 피곤하기 전에 휴식을 취하라"고 제안한다.

그는 에디슨을 예로 들면서 "에디슨의 놀라운 에너지와 내구력은 자고 싶을 때 잠자는 습관 덕분이었다"라고 말한다. 적당히 선잠을 잠으로써 생산성이 높아지고 활동 시간이 1시간 더 늘어난다는 것이다.

일본수면학회 소속 의사이며 《적게 자도 괜찮습니다》의 저자 쓰보다 사토루에 따르면 인간은 원래 '다상수면(하루에 여러 번 나눠서 수면을 취한다)' 동물이라고 한다. 중세 유럽에서는 바깥이 어두워지면 첫 번째 수면을 취하고, 심야 2시 즈음에 일어나 활동하다가 새벽 4시 즈음에 잠들었다고 한다. 또한 인간이 '다상수면' 동물이라는 사실은 "낮에 26분간 선잠을 자면 인지 능력이 34% 상승하고, 주의력도 54% 상승한다"는 나사(NASA, 미국항공우주국)의 실험 결과에서도 증명되었다.

누울 자리가 없거나 시간이 없다고 해서 선잠을 잘 수 없는 것은 아니다. 쓰보다 사토루에 따르면 같은 선잠이라도 언제 어디서나 잘 수 있는 일순간, 몇 초간의 나노 낮잠, 1분간의 마이크로 낮잠, 10분간의 미니 낮잠, 20분간의 파워 낮잠 등이 있다.

나도 30대를 가장 바쁘게 보냈는데, 그런 내가 사람들이 놀랄 정도의 속도로 수십 권의 책을 계속 낼 수 있었던 비결 중 하나는 적절히 선잠을 자는 습관이었다. 나는 집중력이 지속되는 시간이 1시간 30분 정도이다. 1시간 30분 동안 일에 전념한 다음에는 30분 정도 선잠을 자고, 또 1시간 30분 동안 일에 전념하는 식이었다. 이와 같은 사이클을 하루에 여섯 번 정도 반복했다. 선잠을 잔 후에는 다시 의욕이 솟구쳐 재충전된 두뇌로 일에 집중했다.

피곤해지기 전에 선잠을 자자. 언제 어디서나 선잠을 잘 수 있다. 잠깐 눈을 붙이는 나노 낮잠도 효과적이다. 피로를 쌓지 않는 것이 바로 활동 시간을 늘리는 비결이다.

자주 휴식하고 피곤하기 전에 쉬자.
그것만으로도 당신의 활동 시간이 1시간 늘어난다.

083

통념에 매달리면 시간 여유가 사라진다

'결혼은 하는 것', '아이는 낳는 것'이라고 당연하게 여기는 사람들이 많다. 하지만 그것이 과연 맞는 말일까? 맞다고 생각한다면 그 근거는 무엇인가? 단순히 그렇게 믿고 있을 뿐인 것은 아닐까?

성경에는 결혼에 관해 다음과 같이 적혀 있다.

"아내가 없는 사람은 아내를 얻으려고 하지 마십시오. 그러나 당신이 결혼한다고 해서 죄를 짓는다거나 처녀가 결혼한다고 해서 죄를 짓는 것은 아닙니다. 다만 결혼한 사람들은 세상 고통에 시달릴 터이므로 여러분을 아끼는 마음에서 이 말을 하는 것입니다."(〈고린도전서〉 7장 27~28절)

어떤 고생을 하게 되는지에 대한 기록도 있다.

"결혼한 남자는 어떻게 하면 자기 아내를 기쁘게 할 수 있을까 하고 세상일에 마음을 쓰게 되어 마음이 둘로 갈라집니다."(〈고린도전서〉 7장 33~34절)

결혼한 사람은 배우자를 기쁘게 하는 일이 가장 큰 관심사가 되어 '언젠가 하고 싶은 일'을 실현할 여유가 없다는 말이다. 더욱이 아이가 생기면 그 부담이 커지므로 '언젠가 하고 싶은 일'로 계속 남을 가능성이 크다.

와타나베 쇼이치도 《지적 생활의 발견》에서 "남자도 여자도 완전한 지적 생활을 유지하려면, 결혼해도 쉬이 아이를 낳지 말아야 한다"라고 말한다. 사실 여성 연구자의 비율이 적은 가장 큰 이유는 '가정과 양립할 수 없기 때문'이라는 견해도 있다.

이미 결혼한 사람은 그대로 유지하면 될 것이다. 반면 독신인 사람은 결혼이나 재혼을 생각하지 않고, '언젠가 하고 싶은' 일에 전념하는 삶의 방식을 고려하는 것도 괜찮다. 선택은 본인의 자유다. 결혼하여 아이를 낳는 것도 자유이고, '언젠가 하고 싶은' 일을 실현하고자 혼자 사는 것도 자유다. 2가지를 다 하는 것도 자유다. 다만 2가지 다 이루기가 어려운 일이다.

결혼을 의무로 여길 필요 없다.
'언젠가 하고 싶은' 일을 이루기 위해
혼자 사는 삶도 하나의 선택지가 될 수 있다.

084

자유롭게 사색할 시간

프랑스 철학자 데카르트는 철학사에 찬연히 이름을 올릴 정도로 위대한 업적을 남겼다. 그러나 그는 이름을 남기려는 욕망이 일절 없었다고 한다.

그는 지위나 명예, 돈보다 자유시간을 더 중요하게 생각했다. 그는 진리를 조금이라도 깊이 이해하고자 했고, 사색할수록 사색할 일이 많음을 깨달았기에 무엇보다 자유롭게 사색할 시간이 필요했다.

그는 처음부터 많은 저서를 남기려고 책을 쓴 것은 아니었다고 한다. 책을 펴내서 화제가 되면 자유롭게 사색할 시간이 줄어들고, 비판을 받으면 마음이 흐트러져 사색할 수 없다고 생각했다.

사색의 시간은 계속되었다. 세상에 아무런 공헌도 하지 않는, 그 한 사람만이 누리는 자기만족의 시간이었다. 그에게는 자기만족이 명예나 지위, 돈보다 훨씬 매력적이었다.

마침내 데카르트는 책을 펴내기로 결심했다. 책을 쓰고 싶었던 것은 아니었다. 진리를 추구하여 알게 된 사실을 세상에 널리 알리는 일이 자신의 의무임을 깨달았기 때문이다. 사실 책을 펴내기보다는 계속 사색하고 싶었다. 하지만 자기만족의 세계에서만 살지 않고 조금이라도 자신의 의무를 다해야 한다고 생각했다.

그 결과 후세에 이름을 남길 수많은 저서가 탄생했다.

야심을 가지고 지위나 명예, 돈을 좇아서는 안 된다는 말이 아니다. 그런 것들을 추구하다 보면 자신을 성장시킬 자유시간을 가질 수 없다. 결국 그 사람은 하찮은 인물로 끝날 것이다.

거물들은 처음부터 지위나 명예, 돈에 집착하지 않았다. 그런 것에 관심을 기울일 여유가 있다면, 조금이라도 자신을 성장시키고자 했다. 그 결과 지위나 명예나 돈에 집착하는 사람들보다 더 많은 것을 손에 넣었다.

자신을 성장시킬 시간을 확보하자. 그러면 결과적으로 더 큰 수확을 얻을 수 있다.

지위나 명예나 금전에 집착할 시간에
자신을 성장시키는 일을 하면
그 이상으로 많은 것을 얻게 된다.

085
좋아하는 일을 할 수 있는 가장 빠른 길

성경에 "좁은 문으로 들어가거라. 멸망에 이르는 문은 크고 길이 넓어서 그리로 가는 사람이 많다"(〈마태복음〉 7장 13절)라고 했다.

누구나 편안히 지내고 싶어 한다. 하지만 편안히 지내면 성장할 수 없다. 자신의 실력을 키우고 발전하려면 수행이 필요하다. 그렇다고 산에 틀어박혀 수행하라는 것은 아니다. 학문에 힘쓰거나 예술이나 스포츠에 몰두하는 것도 일종의 '수행'(자기연마)이다.

사회생활을 하는 사람들은 학문이니 예술이니 스포츠니 하는, 돈벌이와 직결되지 않는 일을 할 시간 여유가 없다. 하지만 바쁜 현대인도 훌륭하게 '수행'할 방법이 있다. 바로 최선을 다해 지금 하는 일을 열심히 하는 것이다. 사회학자 막스 베버는 이를 '현세적 금욕'이라고 했다.

당신이 지금 하는 일이 사실 그렇게 좋아하는 일이 아닐지도 모른다. 학교를 졸업하고 우연히 인연이 닿아 회사에 들어갔고, 우연히 배치된 부서에서 주어진 업무일 수도 있다. 어쩌면 당장이라도 이직하고 싶을지도 모른다.

그렇다고 대충 하거나 마지못해 일하면 수행이 되지 않는다. 어떻든 당신이 지금 하는 일에 최선을 다해야 한다. 그것이 바로 '현세적 금욕'의 본래 의미다.

어떤 일이든 열심히 노력하면 그로 인해 자신을 갈고닦을 수 있고, 머지않아 새로운 길이 열린다. 비록 지금 하고 있는 일이 재미없다고 해서 결코 한탄할 필요 없다. 지금 하고 있는 일은 자신에게 주어진 '현세적 금욕'을 위한 수행이라 생각하고 최선을 다해 열심히 일하자. 이것이 정말 좋아하는 일을 하기 위한 지름길이 되기도 한다.

비록 지금 하고 있는 일이 재미없더라도
최선을 다해 열심히 임하자.
이것이 수행이 되고,
자신의 실력이 더욱 발전하는 발판이 될 수 있으며,
새로운 길이 열릴 수도 있다.

시간은
나를 기다려주지 않고
단 한 번도
멈추지 않고 흘러간다.
시간을 붙잡을 수는 없지만
시간을 선택할 수는 있다.
지금 이 순간 무엇을 하며
시간을 보낼지에 따라
인생이 결정된다.

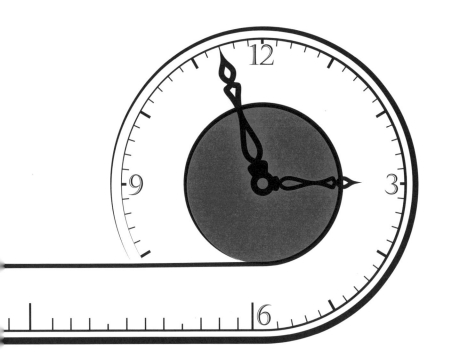

PART
07
를

시간의 선택

086

이메일 답장에 시간을 쏟지 마라

답장하기 어려운 이메일을 받았을 때, 당신이라면 어떻게 하겠는가? 일단 답장을 보류하겠는가? 아니면 답장해야 한다는 생각을 하면서도 계속 미루겠는가?

답장은 단순히 빨리 보낸다고 좋은 것이 아니다. 상대방이 오해하지 않도록 작성했는지 찬찬히 확인한 후에 보내는 것이 좋다.

하지만 답장을 보류할 때는 좋든 싫든 '보류의 법칙'이 작용하므로 주의해야 한다. '보류의 법칙'이란 보류하는 시간이 길어질수록 점점 더 대답하기 어려워지는 것이다.

답장하기 어려운 내용의 이메일을 받으면, 답장을 보내야 한다는 생각을 하면서도 무의식적으로 보류하기 쉽다. 상대방이 독촉 이메일을 보내지 않는 한 보류하는 시간이 길어질수록 답장을 보낼 마음도 사그라든다.

하지만 일주일 이상 지나버리면 당신이 답장을 보낼 생각이 있었다고 해도 상대방은 당신이 답장을 하지 않을 것이라고 오해할 수 있다. 자칫 잘못하면 상대방과 관계가 깨질 수도 있다.

그럼 답장하기 어려운 이메일을 받았을 때는 어떻게 해야 할까?

먼저 답을 보내야 하는 사안인지를 판단한다. 상대방이 단순히 보고만 했을 뿐인지, 요구하는 것이 있는지, 요구에 응할 의무가 있는지 등을 냉정하게 판단한다.

응답할 의무가 있지만 바로 답할 수 없다면 '이메일은 받았습니다. ○일 이내로 답장하겠습니다'라고 써서 보내는 것이 요령이다. 그리고 그날까지 답장을 보내면 된다. 상대방도 안달복달하지 않고 기다릴 수 있고, 신뢰 관계에도 문제가 생기지 않는다.

좋은 점은 그뿐만이 아니다. '○일 이내로 답장하겠다'고 먼저 보내면, 그날까지는 상대방이 재촉하는 일이 없으니 차분히 대답할 내용을 생각할 수 있다.

바로 답장을 보내기 어려운 내용의 이메일을 받았다면
'언제까지 답장을 주겠다'는 것만이라도 바로 알리자.
그날까지는 상대방도 독촉하지 않고
자신도 차분히 생각할 수 있다.

087

내 시간을 빼앗는 사람들

한번 약속한 것을 툭하면 바꾸는 사람이 있다. 아마 별다른 악의도 없고, 상대에게 피해가 간다는 생각조차 하지 못할 것이다. 하지만 약속을 수시로 바꾸는 것은 상대에게 민폐를 끼치는 행동이다. 다만 정말 어쩔 수 없는 경우도 있으니 정말 부득이한 사정이 있었는지 곰곰이 생각해보자.

약속을 어기는 쪽은 '이런 상황이면 이해해줄 만하지 않은가?'라고 생각할 수도 있다. 하지만 상대는 약속을 지킨다는 전제로 여러 가지 일정을 잡기 때문에 일이 꼬이게 된다.

약속이 깨지면 일정을 다시 잡는 데도 나름의 시간과 노력이 필요하고, 일정을 다시 잡을 수 없는 경우도 있다. 최악의 경우 그 사람과 일정을 다시 잡는 동안 말다툼으로 발전할 수 있다.

이런 사람들에게 시간과 노력을 빼앗기지 않으려면 주의해야 할 2가지가 있다.

하나는 약속을 어기는 사람과는 되도록 약속하지 않는 것이다. 약속하지 않아도 해결되는 정도로만 어울린다. 그럴듯한 변명을 해도 약속을 어기는 버릇이 있는 사람은 계속 약속을 어긴다. 그 사람의 성격을 바꿀 수도 없고, 사람이 변하기도 쉽지 않다.

다른 하나는 약속을 어기는 습관이 있는 사람과 약속할 때는 깨질 것을 미리 가정하는 것이다. 그러면 상대가 약속을 어겨도 차분히 대응할 수 있다.

약속을 어기는 습관이 있는 사람과 깊은 관계를 맺으면 무슨 일이 있을 때마다 휘둘려 일정이 흐트러질 수 있다. 평소 언행을 잘 관찰하고 약속을 뒤엎는 습관이 있는 사람과 일정한 거리를 두고 어울리는 것이 현명하다.

약속을 어기는 습관이 있는 사람과는
약속하지 않는 것이 최상이다.
그래도 약속해야 할 일이 있을 때는
어길 것을 미리 염두에 두고 대비한다.

088

말 한마디가 소중한 시간을 잡아먹는다

성경에 다음과 같은 구절이 있다.

"잘 들어라. 심판의 날이 오면 자기가 지껄인 쓸데없는 말을 낱낱이 해명해야 할 것이다. 네가 한 말에 따라서 너는 옳은 사람으로 인정받기도 하고 죄인으로 판결받기도 할 것이다."(〈마태복음〉 12장 36절)

쓸데없는 말을 내뱉으면 자신이 책임져야 하며, 그 책임에서 벗어날 수 없다는 뜻이다.

'입은 재앙의 근원'이라는 속담도 있듯이 쓸데없이 내뱉은 단 한 마디에 상대방이 분노하여 큰 싸움으로 발전하기도 한다. 농담 삼아 말했다 하더라도 상대방이 농담으로 받아주지 않는다면 문제가 된다.

비록 큰 싸움으로 발전하지 않더라도 원한을 살 만한 말을 내뱉으면, 그 말이 언제 어떤 식으로 자신에게 되돌아올지 알 수 없다. 인간관계가 악화될 수도 있고 대처하는 데 막대한 시간과 노력을 쏟아야 할 수도 있다. 그러므로 쓸데없는 말은 처음부터 내뱉지 않는 것이 상책이다.

쓸데없는 말을 하는 것은 시간 낭비일 뿐만 아니라 또 다른 험담을 낳는 악순환에 빠질 위험도 있다. 예를 들어 화가 나는 일이 있었다고 하자. 잠자코 들어주는 사람이 있다고 해서 안심하고 푸념을 늘어놓는 것을 주의해야 한다. 상대방은 내심 당신의 푸념을 듣는 데 진저리가 났을 수도 있다. 앞에서는 가만히 듣고 있다가도 뒤에서는 당신을 '불평만 하는 사람'이라고 비난할지 모른다. 언제 어떤 식으로 부메랑이 되어 돌아올지 알 수 없다.

푸념하는 동안 일시적으로 속이 후련해질 수는 있다. 하지만 당신이 불만스럽게 여기는 상황은 전혀 달라지지 않는다. 불평할 시간에 어떻게 하면 상황을 개선할 수 있을까 생각하고 행동에 옮기는 것이 낫다.

단 한마디의 실언이

돌이킬 수 없는 실패를 낳는 원인이 될 수 있다.

항상 말조심하고 쓸데없는 말을 내뱉지 말자.

089

내 시간을 선택할 권리

주변의 상황에 영향을 받지 않고 자신이 믿는 가치관에 따라 살아가는 것을 자율적인 삶이라고 한다. 일정한 보수를 받지 못하더라도 자신이 좋아한다는 이유로 어떤 어려움에 부딪혀 도전하는 것이 바로 자율적인 삶의 방식이다.

반면 이득이 있으면 하고, 손해 보는 일은 하지 않는 것은 타율적인 삶의 방식이다. 예컨대 연봉이 아무리 높아도, 중요한 지위에 있다 하더라도, 그것이 타율적으로 살아온 결과였다면 자율적으로 살았다고 할 수 없다.

타율적으로 사는 사람은 모든 상황에서 자신에게 유리한 일을 하며 살아온 것에 지나지 않는다. 그 사람 나름대로 사회에 공헌하고 있을지도 모르지만, 철학자 칸트라면 '존경할 만한 가치가 없다'고 말할 것이다. 자율적으로 살아야 비로소 존경할 만한 일을 할 수 있기 때문이다.

그럼 자율적으로 사는 힘을 기르려면 어떻게 해야 할까? 자신이 가치 있다고 생각한 일을 계속하는 것이다.

타율적으로 사는 사람은 금전적인 보수를 얻지 않는 한 힘든 일을 하지 않는다. 하지 않았을 때 불리한 일이 생긴다면 비로소 그 일을 한다. 이처럼 타율적인 동기로 움직이는 사람은 몇 년, 몇십 년이 지나도 자율적인 삶의 방식이 몸에 배지 않는다.

자율적으로 살고 싶다면 어떤 작은 일이라도 좋으니 오직 가치 있다는 이유만으로 계속 도전해야 한다.

그런 일을 찾지 못했다면 책을 읽는 것부터 시작해보자. 서점에 가면 관심을 끄는 책을 찾을 수 있다. 그런 책들을 읽어야 하는 과제라도 받은 것처럼 닥치는 대로 읽다 보면 점점 새로운 전개가 펼쳐질 것이다.

자율적으로 살아야 그 사람의 가치가 높아진다.
금전적인 보상이 없더라도
자신에게 가치 있다고 생각하는 일을 계속하다 보면
자율적인 삶의 방식이 몸에 밴다.

090

불편한 고민으로 흘려보내는 시간

하나의 사회에서 살아가는 한 좋든 싫든 가치관을 강요당한다. 예를 들어 고학력이면 좋고, 결혼하는 것이 좋고, 고소득이면 좋고, 외모가 출중하면 좋고, 체형이 날씬하면 좋고, 부자이면 좋다 등이다.

정말 그것이 좋은지 생각해보지 않고, 사회가 자신에게 강요해온 가치관을 그대로 받아들여 옳고 그름을 판단한다. 그러나 사회가 정한 가치 기준을 맹목적으로 따르면 그 가치관에 부합하지 않는 자신을 발견했을 때 필요 이상으로 고민하게 된다.

예를 들어 수입이 적으면 수입이 많은 사람에게 열등감을 느낄 것이다. '고수입이면 좋다'는 믿음이 강할수록 '수입이 적은 자신'이 초라하게 느껴진다. 혹은 나이가 들어서도 결혼하지 못하는 것을 고민한다. '결혼하는 것이 좋다'는 생각이 강할수록 미혼인 자신을 부끄러워하게 된다. 주변 사람들이 왜 아직까지 결혼하지 않았냐고 하면 고민은 더 깊어질 것이다.

물론 사회가 우리에게 강요하는 모든 가치관을 부정하거나 틀렸다고 말하는 것이 아니다. 다만 그것들은 가치관에 불과할 뿐이다.

우리는 법을 어기지 않는 한 자유롭게 살아갈 수 있다. 사회가 강요하는 가치관으로 자신을 심판할 필요 없다. 미혼이라도 정정당당하게 살 수 있고, 대학을 나오지 않아도 아무 문제 없다. 연봉이 낮다고 능력이 없는 것이 아니며, 날씬하지 않아도 매력적인 사람들은 많다. 본래 고민할 필요 없는 일을 불필요하게 고민하는 것도 시간 낭비다.

사회가 강요하는 가치관으로 판단하기를 멈추자. 신기하게도 일단 판단을 멈추는 것만으로 고민은 사라진다. 자신을 괴롭혔던 것은 다름 아닌 자기 자신이기 때문이다. 스스로 정신만 차리고 있으면 다른 사람들이 무슨 말을 하든 전혀 흔들리지 않는다.

본래 고민하지 않아도 되는 일은 고민하지 말자.

법을 어기지 않는 한 어떻게 사는지는 본인의 자유다.

고민할 시간에 좋아하는 일에 몰두하자.

091

꿈을 이루는 시간을 당기는 법

굳게 결심하고도 금방 좌절하는 사람에게 추천하고 싶은 비책이
있다. 심리학자 스티븐 헤이즈의 실험에 따르면, 결심한 일을 공개
하는 것이 효과적이라고 한다. 그는 피실험자를 세 그룹으로 나누
어 실험했다.

① 목표 점수를 다른 학생들에게 공개한 그룹

② 목표 점수를 마음속으로만 생각한 그룹

③ 목표 점수에 관해 아무것도 지시하지 않은 그룹

실험 결과 ①그룹은 다른 그룹보다 확실히 높은 점수를 받았지
만, ②그룹과 ③그룹은 별다른 차이가 없었다. 이 실험 결과를 통
해 사람들은 자기 생각을 공개적으로 말하면 그것을 지키려는 경
향이 있음을 알 수 있다. 반대로 마음속으로만 생각하면 아무것도

결심하지 않은 것과 같은 결과로 끝날 수 있다.

결심한 일을 실현하고 싶다면 말로 내뱉어 공개하자. 그러면 그 말에 책임지려는 의식이 작용한다.

이때 주의해야 할 점이 있다. 바로 당신이 결심한 일을 부정하는 드림 킬러(dream killer)에게는 말하지 말아야 한다. 친하다는 이유로 그들에게 말했다가는 당신의 꿈이 파괴될 수 있다.

자신의 목표를 블로그에 공개하는 것도 하나의 방법이다. 하지만 언제 드림 킬러가 궤멸적인 댓글을 달지 모른다. 비록 격려 댓글을 많이 받더라도 하나의 파괴적인 댓글이 달리면 냉정하기 힘들다.

커피에 설탕을 타면 맛있지만, 한 방울이라도 살충제를 넣으면 마실 수 없다. 파괴적인 댓글은 살충제와 같아서 단 한 방울이라도 모든 격려 댓글을 소용없게 만든다.

그런 위험을 감수할 바에야 누가 댓글을 다는지 모르는 블로그가 아니라, 자신의 목표를 부정하지 않고 들어주는 사람들에게 슬며시 자신의 꿈을 이야기하는 것이 낫다.

이루고 싶은 꿈은 말로 내뱉어 공개하자.

그러면 책임의식이 강해져서 동기부여가 된다.

단, 신뢰할 수 있는 사람에게 말해야 한다.

092

구하라, 그러면 시간이 날 것이다

다른 사람에게 의지하면 자신이 부족하다는 것을 인정하기라도 하는 듯이 생각하는 사람들이 있다. 나도 한때는 그렇게 생각했다. 다른 사람에게 의지하지 않고 무엇이든 혼자 해내고 싶었다.

하지만 혼자 할 수 있는 데는 한계가 있다. 타인에게 의지하는 것이 문제가 되는 경우는 자신의 이기심으로 타인을 이용할 때이다.

인간은 다른 사람에게 부탁받으면 기쁜 마음도 드는 법이다. 자신이 신뢰받고 있다고 느끼기 때문이다. 자신을 신뢰하는 사람을 도와주고 기뻐하는 모습을 보는 것도 즐거움이다. '부탁하고 싶다' 와 '자신을 신뢰하는 사람을 도와주고 싶다'는 마음이 일치할 때 '성숙한 의존 관계'라고 한다.

'성숙한 의존 관계'를 맺는 데 중요한 것은 상대방의 의사를 존중하는 일이다. 부탁하기로 결정하는 것은 자신이지만, 상대방이 내켜하지 않으면 재빨리 알아차리고 더 이상 부탁하지 않아야 한다.

아무리 부탁하고 싶어도 상대방이 받아들이고 싶지 않은 내색을 보이면 과감하게 단념하자.

나는 다른 사람의 힘을 빌릴 때 해당 분야의 전문가에게 대가를 건넨다. 그러면 부탁하기도 쉽고, 상대도 기꺼이 해준다.

인터넷을 통해서 적절한 대가를 치르고 자신을 도와줄 사람을 얼마든지 찾을 수 있다. 비록 전문가가 아니더라도 말이다. "구하라, 그러면 받을 것이다"(〈마태복음〉 7장 7절)라는 성경 구절이 있다. 일을 성취하려면 주어지기를 기다릴 것이 아니라 스스로 찾아 나서는 태도가 중요하다.

진지한 목적이 있고 적절한 대가를 치르면 기꺼이 당신을 도와줄 사람을 찾게 마련이다. 도움이 필요하면 스스로 나서서 도움을 청하자. 도와줄 사람을 찾으면 혼자 할 때보다 훨씬 큰 결실을 볼 수 있다.

모든 일을 혼자 해낼 수 없다.
누군가의 도움이 필요할 때는
기꺼이 도움을 구하고 정당한 대가를 치르는 것이
시간을 절약하는 방법일 뿐 아니라
결과적으로 훨씬 이득이다.

093

카톡보다 전화가 더 빠를 때

통신수단이 편지와 전화밖에 없었던 시절이 있었다. 지금은 팩스, 휴대전화, 이메일, 메신저, 화상회의 등 다양한 통신수단이 등장했다. 통신수단이 늘어난 만큼 좋은 측면도 있지만 나쁜 측면도 있다.

예를 들어 같은 내용이라도 전화로 할 때와 이메일로 알릴 때 상대가 다르게 받아들일 수 있다. 전화는 적어도 '양방향 소통'을 시도하는 것이지만, 이메일은 '일방적인 소통'이다. 예를 들어 '일방적으로 자신의 분노만 표출하고 전부 끝낼 셈이다'라는 오해가 생겨서 관계가 악화될 수도 있다. 그러면 시간을 절약하기는커녕 관계를 회복하는 데 더 오랜 시간이 걸린다.

실제로 나는 상대방을 비난하지 않는 중립적인 내용의 이메일을 보냈는데, 상대방이 자신을 비난하는 것으로 오해하는 바람에 관계가 악화된 적이 있다. 이러한 쓰라린 경험을 통해 '일방적인 소통'의 위험을 피하고자 해석하기에 따라서 오해를 살 수 있는 내용은 항상 전화로 이야기한다.

가장 적합한 통신수단을 선택하자. 최근에는 표준적인 커뮤니케이션 도구가 이메일이다. 하나부터 열까지 이메일로 주고받는 사람이 많다. 그러나 평소에 이메일로 주고받는다고 해서 전화를 걸지 말라는 법은 없다. 상대가 전화번호를 알려주었다면 '전화를 걸어도 좋다'는 뜻이다.

전화로 이야기하는 편이 좋겠다는 판단이 섰다면 전화를 걸자. 특히 오해가 생길 수 있는 내용은 일방적으로 이메일을 보내기보다 전화로 하면 성의 있는 태도가 더욱 잘 전해진다. 중요한 점은 '시간을 절약하는' 것이 아니라 상대방과 오해 없이 의사소통을 하는 것이다.

부정적이거나 오해가 생길 수 있는 내용을 전할 때는

이메일 등 '일방적인 소통'보다

전화 등 '양방향 소통'을 사용하자.

나의 시간과 노력은
반드시 결과로 나타난다.
내일 당장 결과가
나타나지 않을 일이라고
지금 당장 하기를 망설이지 마라.
나의 열망과 간절함이
시간 속에 축적되어
기대했던 것보다
더 큰 결과를 얻게 된다.

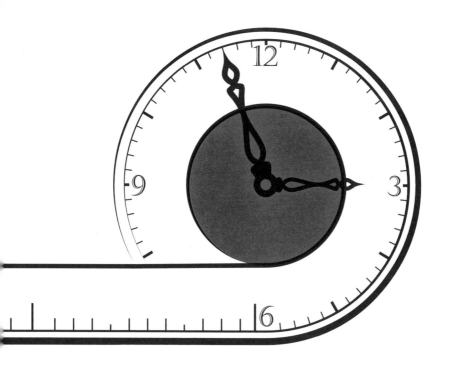

PART
08

≡

시간의 결괏값

094

'그만두면 아깝다'고 계속하면 시간이 아깝다

나에게 맞지 않는 목표에 매달렸다가 실패한 이야기를 해볼까 한다. 나는 니혼대학 법학부(통신교육 과정)에 입학해 법률 공부를 시작했는데, 일석이조라는 생각으로 다양한 법률 관련 자격시험에 도전했다.

차례차례 합격하자 점점 의욕이 솟아올랐고, 공인중개사에도 도전하기로 했다. 아버지가 부동산중개사무소를 운영하셨기에 공인중개사 시험이 어떤 것인지 체험해보고 싶은 단순한 동기도 있었다.

첫해에는 신청한 후 시험일까지 두 달밖에 시간이 없었지만 열심히 공부한 결과 기출문제를 풀어보면 합격하는 수준에 도달했다. 하지만 실제 시험에서는 1점이 모자라 불합격했다. 단 1점이 부족했기에 너무 아깝다는 이유로 다음 해에도 도전했다. 하지만 또다시 1점이 모자라 불합격했다. 다음번에는 되겠지 하며 3년 차에 도전했지만 또다시 떨어졌다.

지금 생각해보면 공인중개사 시험이 어떤 건지 한번 보자는 동기로는 공부에 열중할 수 없었다. 3회 연속 불합격했을 때 더 이상 공부하기 힘들어서 도전을 포기했다. 3년 동안 매해 2개월씩 총 6개월을 소비하고도 공인중개사 자격증은 끝내 따지 못했다.

공인중개사에 도전함으로써 나는 무엇을 잃었을까? 기회를 잃은 것이다. 6개월 동안 정말 좋아하는 다른 일에 몰두했다면, 그런대로 즐길 수도 있고 성장할 수도 있었다. 그런데 자신에게 맞지 않는 목표에 매달리다 그 기회를 잃었다.

목표에 매달리기 힘들 때는 정말 자신에게 맞는 목표인지 다시 생각해보자. 어쩌면 그 목표에 매달리느라 다른 기회를 잃었을지도 모른다. 그 목표에 매달릴 만한 가치가 있는지 다시 생각해보고 아니라면 포기하는 것도 하나의 훌륭한 결단이다.

'지금 그만두면 아깝다'는 생각으로 자신에게 맞지 않는 목표에 매달리는 것이 더 아까운 일이다.

자신에게 맞지 않는 목표에 매달리면
소중한 기회를 잃을 수 있다.
매달릴 가치가 없다고 생각되면
용기를 내어 방향을 바꾸자.

095

가끔은 정적이 시간을 만든다

동서고금의 철학자들은 대부분 인간의 영혼 속에 이성과 욕망이 존재한다고 한다. 욕망을 모든 악의 근원으로 여기기 쉽지만, 사실 우리가 고민하거나 괴로워하는 원인은 욕망 그 자체가 아니다. 욕망을 이성으로 통제할 수 없을 때 우리는 고민하고 괴로워한다.

욕망은 보거나 들은 것에 의해 촉발되는데, 무엇이 좋은지는 판단할 수 없다. 그런 욕망을 통제할 수 없게 되었을 때, 우리는 고민한다. 반대로 말하면 이성으로 어떻게든 제어할 수 있는 동안은 괴로워하지 않는다.

그런 고통에서 벗어나려면 어떻게 해야 할까?

괴로움은 원래 욕망을 이성으로 제어할 수 없는 데서 비롯되므로, 욕망을 이성으로 제어할 수 있으면 괴로움도 사라진다. 욕망을 이성으로 통제하려면 어떻게 해야 할까?

하나는 명상을 하는 방법이다. 어렵게 생각할 필요 없다. 고요함에 몸을 맡기고, 귀에 들리거나 눈에 보이는 것을 완전히 차단하고, 자신이 어떻게 느끼는지, 무엇이 옳은지, 무엇이 좋은지 곰곰이 생각해본다.

감각을 휘저어 어지럽히면 이성으로 제어할 수 없을 정도로 욕망이 강해진다. 욕망에 사로잡혀 행동하면 나중에 후회하는 일이 생길 수 있다.

욕망에 휘둘릴 것 같으면, 먼저 감각을 차단하고 정적에 몸을 맡기고 이성의 말에 귀를 기울이자. 이성적으로 생각하면 좋은지 나쁜지 알 수 있는 법이다. 양심이 가르쳐주기 때문이다. 그런 습관을 들이면 욕망에 휘둘리는 일도 서서히 없어질 것이다.

'욕망'에 휘둘리면 시간을 크게 허비할 수 있다.

정적에 몸을 맡기고 '이성'의 목소리에 귀를 기울이면

욕망이 서서히 모습을 감춘다.

내 인생을 갉아먹는 관계

　내 인생에서 가장 시간을 허비했다고 생각하는 일은 변호사 없이 소송을 진행했을 때이다. 혼자 싸워도 금방 이길 수 있겠다고 생각했는데, 상대가 끈질기게 버티는 바람에 종결되기까지 꼬박 1년이 걸렸다. 이길 자신은 있었지만 혼자서 싸웠기에 공포에 시달리는 나날을 보냈다. 패소 판결이 나거나 노숙자가 되는 악몽을 꾸며 몇 번이나 가위에 눌렸다.

　게다가 1년으로 다 끝난 것이 아니었다. 그 후에도 그 사건이 생각날 때마다 격한 분노에 사로잡혔고, 10년이 넘도록 책을 쓰고 번역을 하는 일이 손에 잡히지 않았다.

　TV 방송 〈줄을 서는 법률 상담소〉에 출연한 기타무라 하루오 변호사도 "선생님이라면 직접 소송하시겠어요?"라는 질문에 이렇게 대답했다.

　"반드시 우수한 변호사 친구에게 맡길 겁니다. 정말 잠도 잘 수 없으니까요. 몸이 견디지 못하죠. 상대방이 새빨간 거짓말로 가득한 서면을 보내면 그걸 읽기만 해도 화가 납니다. 스트레스가 엄청 납니다. 정말 견디기 힘든 일이에요."

변호사조차 견디기 힘든 스트레스를 받는 소송을 제대로 생각해보지도 않고 혼자 진행하기로 한 것이다.

변호사 없이 소송한 일 자체는 후회하지 않는다. 애초에 소송할 상대와 관계를 맺은 것을 깊이 반성하고 있다. 자신의 이익에 눈이 멀면 상대방의 참모습이 보이지 않기 마련이다.

보통의 감각만 가지고 있더라도 욕심 많은 사람을 어느 정도 간파하기 마련이다. 하지만 나는 이익에 눈이 멀어 무언가 이상하다고 느끼면서도 '뭐, 괜찮겠지' 하는 마음에 상대방을 믿고 관계를 맺었다가 결국 소송하는 상황에 이르렀다.

얽혀서는 안 되는 사람은 깊이 관여하기 전에 간파하자. 깊은 관계를 맺지 않으면, 그들에게 시간과 노력을 빼앗길 일이 없다. 그러기 위해서는 자신의 욕망에 빠지지 않고 냉정하게 상대방의 본성을 꿰뚫어보아야 한다.

관여하지 말아야 할 사람은 이성적으로 미리 간파하자.
깊이 관여하지 않으면 그들에게 시간과 노력을 빼앗길 일이 없다.

097

아무것도 하지 않아야 할 때도 있다

　화가 나서 보낸 한 통의 이메일로 소중한 인간관계가 깨져버린 실패담도 있다.

　한 여성과 일과 관련해서 약속을 했다. 내가 억지로 밀어붙인 것이 아니라 그녀가 먼저 하고 싶어 했던 일이었다. 그 약속을 서로 몇 번이나 확인했기에 반드시 해주리라 믿었다. 하지만 그녀는 약속한 날짜가 되기 직전에 이유도 설명하지 않고 갑자기 할 수 없다고 통보했다. 화가 치민 나는 곧바로 그녀에게 그 일이 얼마나 중요한지 설명하는 이메일을 보냈다.

　그런데 그 이메일을 읽은 그녀는 자신을 공격했다고 여겼는지 곧바로 불합리하기 짝이 없는 반격을 해왔다. 내가 그녀 개인이 아니라 일반 독자를 대상으로 쓴 기사의 말투까지 비난하며 다시는 내 기사를 읽지 않겠다고 결별 선언을 했다. 지인과 친구들에게 물어봤지만, 내 기사의 말투에 문제가 있다고 하는 사람은 없었다. 그녀는 어떻게든 나에게 트집을 잡고 싶었을 뿐이다.

　아리스토텔레스는 인간의 바람직하지 않은 성정 중 하나로 '분노로 인한 자제력 없음'을 꼽았다. 쉽게 말하면 화가 난 상태로 행동하는 것을 말한다. 우리는 화가 나면 '해도 되는 말'과 '해서는 안 되는 말'을 구별하지 못한다. 냉정하게 생각하면 '해서는 안 되는 말'임을 알지만, 화가 나서 이성을 잃어버리면 무심코 내뱉는다. 일단 말을 내뱉고 나면 후회해도 때는 이미 늦다.

　설령 일의 중요성을 논리정연하게 설명하는 내용일지라도 화가 났을 때 이메일을 보내면 상대방은 이를 부정적으로 해석할 수 있다.

　한번 인간관계가 깨지면 상대와 다시 잘될 가능성은 전혀 없다. 개선의 여지가 있었다 하더라도 모두 끝난 셈이다. 이를 방지하는 방법은 화가 나면 진정될 때까지 아무것도 하지 않는 것이다.

화가 났을 때는 해서는 안 될 말을 내뱉을 수 있다.

그러면 인간관계는 여지없이 깨지고 만다.

화가 나면 냉정해질 때까지 잠시 아무것도 하지 않아야 한다.

098

방향을 바꾸라는 신의 메시지

    나름대로 노력했는데도 기대했던 성과를 얻지 못하면 머릿속에 '무엇을 해도 안 된다'는 '실패 회로'가 생기면서 번아웃 상태에 이른다.

    나에게도 실의에 빠져 그런 나날을 보내던 시기가 있었다. 스물한 살부터 출판번역가를 꿈꾸고 오랜 수행 끝에 서른네 살에 데뷔했지만 이후 수많은 실패를 겪었다. 그동안 '내가 아무리 성실하게 번역 원고를 완성해도 출판사에서 돈벌이만 생각한다면 언제 출판될지 모른다, 내 노력만으로는 어찌할 수 없다'는 '실패 회로'가 생기고 말았다. 그러면 모든 것이 잿빛으로 보인다.

    어떻게 하면 번아웃 상태에서 벗어날 수 있을까?

    바로 좋아하는 일에 몰두하는 것이다. 좋아하는 일에 몰두하는 것 자체가 보수가 된다. 아무런 성과를 얻지 못해도 즐겁다고 느끼면 된다.

좋아하는 일이라면 뭐든지 좋다. 그림 그리기, 시 쓰기, 에세이 쓰기, 창작 요리 만들기, 영어회화 동아리에 가입하기, 바둑 동아리에 가입하기……. 단, 조건이 하나 있다. 쉽지 않은 일이어야 한다. TV 보기, 동영상 보기, 도박, 술 등 누구나 할 수 있는 쉬운 일은 아무리 해도 길이 열리지 않는다.

자신이 갈고닦을 수 있는 '좋아하는 일'에 몰두하면 거기서부터 길이 트일 수 있다. 나는 무료함에 몸을 맡긴 채 내가 맛본 고뇌를 계속 쓰다가 뜻밖에도 《출판 번역가 따위 되는 게 아니었어!》라는 책을 출간했다. 이 책은 발매 직후부터 언론에서 화제가 되어 집필, 번역, 강연 등 다양한 일을 안겨주었다. '좋아하는 일'에 몰입한 결과 길이 열린 것이다.

막다른 길에 이르렀다고 느껴지면 '좋아하는 일'에 몰입하자.
방향을 바꾸는 편이 좋겠다는 신의 메시지일지도 모른다.

099

누구도 내 삶에 개입할 권리가 없다

　자신과 특정 상대가 서로 과잉 의존하고, 그 관계에 사로잡혀 있는 상태를 심리학에서는 '공의존'이라고 한다. '문제를 일으키는 사람'과 '본인 대신 문제를 해결해주려는 사람'의 관계를 나타내는 말로도 사용한다.

　어떤 여성과 관계를 맺었다가 실패한 이야기를 하고자 한다. 나자신이 '문제를 일으키는 사람'이라고 생각하지 않았는데, 그녀는 나에게 계속 문제를 발견하고는 이것을 해결하려 들었다. 심지어 내가 부탁하지 않았는데도 말이다.

　내가 블로그에 어떤 시험을 볼 거라고 글을 써서 올렸는데, 그녀가 문제집을 빌려주겠다고 한 것이 계기였다. 문제집 정도는 스스로 구할 수 있고 나중에 돌려주기 귀찮아서 빌리고 싶지 않았지만, '언제 돌려주어도 좋다'고 우기는 바람에 그만 빌리고 말았다. 내잘못도 있다. 여기서 단호하게 거절했다면 그녀와 적절한 거리를 유지했을 것이다.

그 후 블로그에 검정시험을 신청한다고 썼더니, 그녀는 내가 인터넷으로 신청할 것을 알면서도 일부러 서점에서 지원서를 구해주었다. 또 통신교육을 시작하고 싶다고 쓰면 통신교육 강좌를 찾아주고, 행사장을 예약하러 간다고 쓰면 '제가 대신 가줄게요'라고 제안하기도 했다.

그녀는 내가 자신의 기대대로 움직이기를 바랐다. 나에게 결정할 권리가 있는 일에도 '이러해야 한다, 이러해서는 안 된다'라며 하나하나 참견했다. 이윽고 내가 그녀의 기대대로 움직이지 않으면 화를 내기에 이르러서 그녀와 거리를 두기로 했다.

상대가 공의존적인 사람인지를 간파하고, 그 사람에게 도움받지 않도록 하자. 그런 사람은 도움받을수록 당신을 더 도우려 하고, 아무 문제 없는데도 계속해서 당신의 문제를 해결하려 하면서 당신의 자립을 방해한다. 당신이 '언젠가 하고 싶은' 일에도 참견할 수 있다.

부탁하지 않았는데도 문제를 해결하고자
자꾸 개입하는 사람을 경계하자.
그 사람이 관여할수록 당신의 성장 기회를 빼앗긴다.

100

기대하지 않았지만 더 좋은 결과

영어 단어 '세렌디피티(serendipity, 뜻밖의 기쁨)'는 '어떤 결과를 기대하고 계속 노력했는데, 기대했던 것은 얻지 못했지만 다른 좋은 결과를 얻는다'는 정도로 해석할 수 있다.

누구나 어떤 결과를 기대하며 노력한다. 그러다 기대했던 결과를 얻지 못하면 실패했다고 생각한다. 그런 의미에서 나도 많은 실패를 겪었다. 지난 몇 년간 추진해온 어휘력 경연대회는 객관적으로 보면 대실패였다.

나는 런던대학의 원격 교육을 받을 때 수준 높은 해외 문헌을 읽으려면 풍부한 어휘력이 필요하다는 점을 절실하게 느끼고 어휘력 경연대회를 주최하기로 마음먹었다. 맨땅에 헤딩하는 수준으로 시작했기에 처음부터 가시밭길을 걸었다. 아무리 홍보해도 참가자가 늘지 않아 '참가 인원이 너무 적다'고 핀잔을 받았다. 아르바이트생한테 '너무 비용을 아끼려 든다'는 쓴소리를 듣기도 했다.

그 후 점차 참가자가 늘어나 드디어 궤도에 오르는가 싶더니 코로나19가 유행하면서 일시적으로 중단할 수밖에 없었다. 적자만 불어난 채 재개될 전망이 없으니 주변에서 보기에는 대실패라고 비웃을 수도 있다.

객관적으로는 대실패일 것이다. 하지만 주관적으로는 대성공이었다. 6가지 외국어를 계속 배운 덕분에 외국어 실력을 살릴 수 있는 회사로 이직했고, 강연과 칼럼 연재의 길이 열렸다. 이것이 바로 세렌디피티다.

객관적으로 봤을 때 성공인지 실패인지는 신경 쓸 필요 없다. 자신이 믿는 길로 나아가자. 비록 처음에 기대했던 결과를 얻지 못하더라도 세렌디피티로 이어져 훨씬 더 좋은 결과를 얻기도 한다.

객관적으로 봤을 때의 실패는 상관없다.

그 실패가 처음에 기대했던 것보다

훨씬 나은 이득으로 이어질 수 있다.

생각하는 대로 해내는
시간 연금술사

초판 1쇄 발행 | 2023년 05월 12일
초판 2쇄 발행 | 2023년 06월 10일

지은이 | 미야자키 신지
옮긴이 | 박수현
펴낸이 | 정서윤

편집 | 추지영
디자인 | 지 윤
마케팅 | 신용천
물류 | 책글터

펴낸곳 | 밀리언서재
등록 | 2020. 3.10 제2020-000064호
주소 | 서울시 마포구 동교로 75
전화 | 02-332-3130
팩스 | 02-3141-4347
전자우편 | million0313@naver.com
블로그 | https://blog.naver.com/millionbook03
인스타그램 | https://www.instagram.com/millionpublisher_/

ISBN 979-11-91777-31-4 03190

값 · 17,000원